말
의

내
공

말의 내공

사람을 끌어당기는
동서양 고전의 화술

신도현 · 윤나루
지음

행성B

등불 하나가 천년의 어둠을 이긴다[일등능제천년암(一燈能除千年
暗)]. 햇빛 한 번 든 적 없는 오지의 동굴도 작은 등불 하나에 이내
환해진다. 말 한마디의 힘도 이 등불과 같다. 진실한 말 한마디가 나
와 타인의 오랜 상처를 치유해 줄 수 있다.

작년부터 국가 기념식을 챙겨 보는 습관이 생겼다. 지금껏 보지
못한 방식의 대통령 기념사에 유공자와 유가족은 물론, 지켜보던 국
민도 나도 울고 웃었다. 감동의 원리는 간단하다. 그들이 간절히 듣
고 싶었던 말, 국가가 마땅히 해야 할 말을 진심으로 하면 된다.

말 한마디에는 말하는 이와 듣는 이 모두의 삶이 참여한다. 먼저
화자의 삶에 따라 말의 의미와 표현이 결정되고, 그것들은 또다시
청자의 삶을 고려해 조정되기 때문이다. 이 과정 없이 말은 탄생할
수 없다.

그래서 말을 '잘한다'는 것은 단순히 화술이 능수능란한 상태를 이르는 것이 아니라 끊임없이 자신을 성찰해 성숙해져 있고, 타인에게 관심을 기울여 이해하며, 어떤 상황을 읽는 안목까지 갖춘 총체적인 상태를 이른다. 그리고 그에 도달하기 위한 노력의 과정이 '말 공부'다.

이미 말 공부 책이 제법 나와 있다. 대체로 실용서다. 그렇다 보니 아무래도 관점이 단조롭다. 말을 잘하기까지의 과정은 생략하고, 주로 말 잘하는 사례와 기술을 소개한다. 또한 표현에 집중하느라 정작 말에 담아야 할 의미는 놓치는 경우가 많다.

물론 화술의 노하우는 중요하다. 그러나 말에 관한 책을 한 권 더하는 입장에서 기존의 책과는 분명 달라야 했다. 그래서 이 책은 당장의 화술 향상보다는 기존의 언어생활을 근본적으로 바꾸는 길을 모색하고자 했다.

이를 위해 인문학, 특히 동서양 고전과 성현들 말에서 지혜를 구했다. 인문학은 어느 학문보다 말을 깊이 탐구하고 말에 섬세하게 접근한다. 그렇다고 해서 최종 목표를 말 자체에 두지는 않는다. 자신과 세상을 바꾸기를 꿈꾸며, 말은 그것을 실현하기 위한 수단이다.

인문학은 개인의 언어생활을 근본적으로 바꿈으로써 험한 세상으로부터 자신을 지키게 한다. 말을 다듬는 과정에서 자신을 단련시키고, 말로 세상과 타인을 슬기롭게 조정하는 법도 알려 준다. 자신의 뜻을 이루고 위험을 모면하면서 스스로를 지켜 내려면 말을 어떻게

써야 하는지도 가르쳐 준다.

말을 근본부터 바꾸려면 자신을 수양해 가며 차곡차곡 필요한 것을 쌓아 나가야 한다. 이 과정을 여덟 단계로 정리했다. 도입부마다 개괄하는 글을 간략히 써 놓았고, 동서양 고전이나 성현의 말들을 인용해 본격적인 이야기를 풀어 나갔다. 그 말들을 해설한다기보다는 글감으로 삼았다.

개관하자면, 〈수양〉과 〈관점〉 그리고 〈지성〉과 〈창의성〉은 말을 준비하고 익히는 단계다. 〈경청〉에선 듣기를, 〈질문〉에선 말하기를 다룬다. 〈화법〉에서는 더 구체적인 말하기 원칙을 공부하고, 마지막 단계인 〈자유〉에서는 말을 어떻게 실천해 더 나은 삶으로 도약할지 모색한다. 〈실전〉에서는 말하기의 좋은 사례를 살펴본다.

과학철학자 토머스 쿤은 "패러다임을 바꾼다고 해서 당장 세상이 바뀌지는 않는다"고 했다. 하지만 패러다임을 바꿔야 다른 세상에서 살 수 있다고 했다. 이 책이 당신의 말 패러다임을 바꾸고 궁극적으로 당신의 삶과, 당신이 살아갈 세상을 바꾸는 길잡이가 될 수 있기를 바란다.

신도현

차례

2단계 관점

관점 바꾸기

3단계 지성

말이 깊어지려면

1단계

수양

말 그릇 키우는 법

사람의 성숙함 정도를 보통 그릇의 크기에 비유한다.
말 공부는 이 그릇을 키우는 수양에서부터 시작된다.
수양의 핵심은 자존감을 기르고
감정을 경영하는 법을 익히는 것이다.
자존감이란 나를 사랑하는 것이다.
자존감을 갖춰야 나를 감추지도 과시하지도 않는
건강한 언어생활이 가능하다.

감정 경영이란 말 그대로 내면의 감정을
지혜롭게 풀어내는 것을 말한다.
감정을 잘 경영할 수 있어야 우울한 말,
분노에 찬 말, 공격적인 말 등을 줄일 수 있고,
그럴 때에야 나도 지키고
타인에게도 상처를 주지 않을 수 있다.

그릇이 모나면 담긴 물도 모난다

그릇이 모나면 담긴 물도 모난다.

순자

그릇은 그대로 둔 채 거기 담긴 물의 형태만 바꾸려는 노력은 헛되다. 말도 그렇다. 말 그릇을 바꿔야 말이 바뀐다. 말을 다듬으려거든 우선 그릇을 다듬어라. 깊은 말을 하고 싶다면 깊은 사람이 되어야 하고, 믿음직한 말을 하고 싶다면 믿음직한 사람이 되어야 한다.

순자(荀子, BC 298-238년). 중국 전국시대 철학자. 공자의 학문을 계승했지만, 성악설을 주장한 탓에 후대에 이단으로 취급됐다. 종교·신화적 요소를 미신이라 배제했고, 도덕규범을 구현하는 정치를 주장하여 통치자에게 강한 도덕성을 요구했다. 인용문 출처:《순자》

물론 아량 있고 믿음직한 사람인 양 말로 꾸밀 수는 있다. 그러나 잠깐이다. 한두 마디 나누는 정도라면 모를까 그 이상의 대화를 한다면 꾸밈은 금방 탄로 날 수밖에 없다.

말만 하면 타인과 갈등을 빚거나 반대로 자신의 감정을 너무 드러내지 못하는 것 모두 언어생활과 표현력 이전에 말 그릇의 문제일 가능성이 크다.

내면의 감정을 다스리지 못하는 사람은 감정을 거르지 않은 채 그대로 뱉어 내 괜한 갈등을 일으킨다. 또 자기를 사랑하지 못하고 자존감이 낮은 사람은 자신에 대한 이해와 신뢰가 불완전한 탓에, 자신을 지나치게 숨기거나 반대로 과시한다. 이처럼 말은 필연적으로 그 사람을 담는다.

그래서 수양이 필요하다. 즉 자신을 깊이 이해하고 사랑하면서 자존감을 키워야 한다. 그리고 내면의 감정을 잘 경영할 수 있어야 한다. 이 둘만 해내도 말 때문에 골머리 앓는 일은 절반 이상 줄어들 것이다.

선도 악도 생각지 마라

선도 생각하지 말고 악도 생각하지 마라.
그렇다면 무엇이 당신의 본래 얼굴인가?

혜능

수양의 목적은 착한 사람이 되는 데 있지 않다. 우선 '나'를 이해
하는 데 있다. 자신을 깊이 이해해야 사랑할 수 있고, 그 자리에 비
로소 자존감이 자라 나의 마음 토대가 튼실해지기 때문이다.

혜능의 말을 보자. 그는 악은 물론, 선도 생각하지 말라고 한다.

혜능(慧能, 638-713년). 중국 당나라 때 승려. 이론과 경전 공부보다 수행과 직관적인 깨
달음을 중시했다. 선종의 제6조다. 한국의 조계종은 혜능의 법맥을 잇고 있다.《육조단
경》을 남겼다. 인용문 출처:《무문관》

기존 관습과 규범에 얽매이지 말라는 뜻이다. 선악을 구분하는 도덕과 윤리는 관습의 정점에 있는 것이다. 그걸 버리라니, 여타 관습은 말할 것도 없다.

여성/남성, 젊은이/늙은이, 선배/후배의 구분과 역할 등 학교에서 배우고 사회가 주입한 그 모든 유무형의 규정과 관습을 의심할 때 비로소 우리는 진정한 '나'와 만날 수 있다. '착한 나', '예의 바른 나'를 버려야 '나'가 보이고, '여자답게'와 '남자답게'를 벗어야 '나답게'가 보인다.

물론 세상의 규범을 굴레로 인식하고 거부하기는 쉽지 않다. 그러나 과거에는 당연시했던 칠거지악과, 양반과 상민의 법도 등이 실은 얼마나 개인을 억압했는지 우리는 잘 안다. 그렇다면 지금이 유토피아가 아닌 이상, 현대의 규범에도 모순은 분명 존재한다. 그것도 언젠가 드러날 것이다.

따라서 우리는 타인이 아닌 나의 눈으로 자신을 볼 수 있어야 한다. 주입된 모든 규정과 규범을 벗어던진 후의 나는 진정 어떤 사람인지, 내가 좋아하는 것은 무엇인지, 나의 진짜 꿈은 무엇인지를 알아야 한다. 혜능은 우리에게 묻는다.

무엇이 당신의 참얼굴인가?

나는 언제나 주인공이다

서암은 매일 자신에게 "주인공!" 하고 부른 후
다시 "네"라고 답했다. 이내 "깨어 있어야 하네!" "네"
"언제라도 남에게 속아서는 아니 되네!"
"네, 네"라며 자문자답했다.

서암

혜능의 말이 인식을 촉구하는 것이라면, 서암은 다짐과 실천을 촉구한다. 사회가 부여한 규정과 규범이 자아의 실현을 가로막는 장벽임을 이해했다면, 이제는 참된 나로, 내 삶의 주체가 돼 살아야 한다고 서암은 말한다.

서암(瑞巖, 850-910년). 중국 당나라 승려. 속성은 허 씨고 법명은 사언이다. 서암 사언으로도 불린다. 어릴 때 출가했다. 저술은 남기지 않았으나, 남들이 가져간 후 남은 것이 가장 좋다는 '염주알' 일화와, 매일 혼자 외쳤다는 '주인공' 일화 등이 전해진다. 인용문 출처: 《무문관》

삶의 주인공이 된다는 것은, 타인의 욕망을 좇지 않는 것이다. 사회가 바라는 것을 똑같이 바라는 삶, 타인의 꿈을 대신 실현하는 삶을 살지 않는 것이다. 타인이 아닌 내가 기준이 되는 삶이다.

얼핏 보면 이미 많은 사람이 충분히 자기욕망에 충실하며 심지어 이기적이기까지 한 것 같다. 정말 그렇다면 그들은 행복해야 한다. 그런데 왜 대다수 사람이 불행을 호소하며 자살에까지 이르는가. 인생의 최종 목적이 이기적이지 않기 때문이다. 남을 짓밟고서라도 이루려는 것이 허망하게도 결국 타인의 인정이다. 이기적으로 열심히 일해서 얻으려는 행복이, 타인의 우러름을 받는 것, 타인의 부러움을 사는 일이다. 이는 삶의 목적이 내게 있지 않고, 타인에게 있는 것이다.

타인의 욕구와 인정이 아닌, 내가 내 삶의 주인공이 되어야 한다는 이 당연한 진리를 망각해서는 행복할 수 없다. 그래서 서암은 매일 자문자답했다. 입으로 소리 내어 주인공을 부르고 답하는 것으로 자신이 삶의 주인공임을 잊지 않고자 했다. 이를 통해 스스로에게 용기도 불어넣었다.

주인공으로 살지 못하는 사람들 틈에서 자기 삶의 주인공이 되려면 큰 다짐과 용기가 필요하다. 고로 우리도 서암처럼 매일 아침 1분씩 또박또박 소리 내어 다짐해 보면 어떨까. 내가 내 삶의 주인공이 되는 데 필요한 시간, 1분이면 된다.

각자 모두 '작품'이다

각자의 삶이 예술 작품이 될 수는 없을까? 주택도 예술의
대상이 되는데 왜 우리의 삶은 그렇게 안 되는 걸까?

미셸 푸코

작품의 반의어는 아마 제품일 것이다. 제품이 획일적이고 수동적
이라면, 작품은 독창적이고 능동적이다. 그래서 제품은 대체 가능한
반면, 작품은 불가하다. 그렇다고 해서 꼭 작품이 제품보다 가치 우
위에 있는 것은 아니다. 세상에는 제품도 작품도 모두 필요하다.

미셸 푸코(Michel Foucault, 1926-84년). 그간의 철학사에서 소외됐던 미시적 주제에 주목한
프랑스 철학자다. 교도소와 군대 등 감시 처벌 기구를 분석한 《감시와 처벌》, 오늘날 정
신이상으로 취급되는 '광기'가 이성에 내쫓긴 과정을 추적한 《광기의 역사》 등을 썼다. 동
성애를 비롯한 성(性)담론에 대해서도 관심을 갖고 글을 썼다. 인용문 출처: 〈윤리의 계보
학에 관하여〉

그렇지만 사람의 삶만큼은 제품이 아닌 작품이길 바란다. '나'의 삶이라면 더욱 그래야 한다. 나의 삶이 획일적이고 수동적이라면, 그래서 내가 없더라도 문제없이 나의 빈자리가 채워질 수 있다면 무척 서글플 것이다.

 따라서 부모는 마땅히 자식을 작품 같은 사람이 되길 바라야 하고, 학교와 사회 역시 각 개인을 하나밖에 없는 소중한 작품으로 대우해야 한다. 하지만 무엇보다 선행되어야 할 것은 나 스스로가 나의 삶을 작품으로 창조하고 바라보는 일이다. 부모도 학교도 사회도 해 주지 못한다면, 적어도 나만은 그러해야 한다. 푸코가 염원한 것도 바로 개인의 삶에서 이러한 독창성이 확산되는 것이었다.

 우리 사회는 개인들의 삶을, 심지어 신체마저도 정상과 비정상으로 가른다. 사람을 제품으로 여기니 가능해진 일이다. 이런 사회적 인식을 넘어서기 위해서라도 우리는 삶을 작품으로 바라보기 위해 애써야 한다. 그래야 비정상 혹은 단점이라 치부했던 자신의 '열등한 부분'까지도 끌어안을 수 있다. 비로소 나의 전 존재를 그대로 인정하고 사랑하는 길이 열린다. 더 나아가 타인의 삶까지 작품으로 바라볼 수 있다면, 그 순간 나와 타인 간의 차이가 더는 걸림돌이 되지 못할 것이다. 걸림돌은커녕, 달라서 더 가치 있는 것으로 빛나리라.

세상보다 자신을 더 사랑할 것

세상보다 자신을 사랑한다면 세상을 맡길 수 있다.
반면 자신을 바쳐 세상을 사랑하려 든다면,
어찌 세상을 맡길 수 있겠는가?

노자

자신보다 세상을 사랑하는 사람에게 세상을 맡기는 것이 상식인
데, 노자는 이를 역전시킨다. 오히려 세상보다 자신을 사랑하는 이
라야 세상을 맡길 수 있다고 한다.

노자가 말한, 세상보다 자신을 사랑하는 사람은 세상의 규정과

노자(老子, BC 571~471년). 중국 춘추시대에 태어났다고 전해지는 전설적인 인물. 그가 지
었다는 《노자》란 책이 남아 있다. 그의 철학은 주류로 채택된 적이 드물지만, 대안 사상
으로 서민과 비주류 지식인층에서 꾸준히 이어져 왔다. 공자와 더불어 서양의 근현대 사
상 발전에도 큰 영향을 끼쳤다. 인용문 출처: 《노자》

규범에 휘둘리지 않는다. 세상이 아닌, 나의 눈으로 나를 바라보고 만들어 간다. 반면 자신을 바쳐서 세상을 사랑하겠다는 사람은, 세상을 사랑하는 만큼 세상의 규범에 종속돼 수동적으로 살아가게 된다. 즉, 자신을 더 사랑하는 사람은 자신이 꿈꾸는 세상과 가치를 만들어 가지만, 자신을 세상에 바치는 사람은 지금 이대로의 세상의 모습과 규범에 충실할 따름이다. 세상에 대한 헌신이 곧 세상의 규범에 대한 헌신으로 이어진다.

또 세상보다 자신을 사랑한다고 선언할 수 있는 사람은 '나'가 귀한 것처럼 '너' 또한 귀한 걸 안다. 개인의 가치를 이해하는 것이다. 반면 세상에 나를 바치려는 사람은 자신도 세상을 위해 희생하니 당신도 그러해야 한다고 하지 않을 리 없다.

그래서 노자는 모름지기 세상은 진정 자신을 사랑할 줄 아는 사람에게 맡겨야 한다고 말한 것이다. 이는 치세에 한정해서만이 아니다. 모든 일이 그렇다. 자신을 사랑하지 못하는 사람은 다른 사람을 사랑할 수 없으며, 나의 가치를 알지 못하는 사람은 너의 가치도 알 수 없다. 나를 이해하고 사랑하는 데에서부터 말 공부를 시작해야 하는 이유다.

감정에 복종하지 말 것

감정을 통제하지 못하는 인간의 무능력을 나는 예속이라
일컫는다. 감정에 복종하는 인간은 자신의 권리 아래
있는 것이 아니라, 운명의 권리 아래 있다. 더 좋은 것을
보기는 하지만 더 나쁜 것을 따르도록 강제당하는,
운명의 힘 안에 있기 때문이다.

스피노자

순간 치닫는 감정이 휩쓸고 지나간 뒤에야 나조차 내 뜻대로 되
지 않는다는 것을 새삼 깨우친다. 그때 나의 삶은 나의 의지가 아닌,
수동적인 운명 아래 처한다. 감정에 예속되면 좋은 상황을 만나도
그렇게 받아들이지 못한다. 더 나쁜 쪽으로 해석하며 자신을 몰아갈

스피노자(Spinosa, 1632-77년). 네덜란드에서 태어난 유대인 철학자. 범신론적 신학을 주장
했으며, 정치적으로는 공화정을 지지했다. 우리나라에서는 "내일 지구가 망해도 사과나
무를 심겠다"는 명언을 남긴 사람으로 회자되는데, 실제 스피노자의 말은 아니다. 저서로
《에티카》 등이 있다. 인용문 출처: 《에티카》

뿐이다.

따라서 삶의 주인으로 우뚝 서려면 자신의 감정을 경영할 수 있어야 한다. 그러려면 내가 처한 상황과 그때의 감정을 선명하게 파악해야 한다. 감정에 취약한 사람일수록 자신이 처한 상황을 왜곡해 해석하는 경향이 강하다. 분노에 취약한 사람은 곧장 분노할 만한 상황으로 해석하고, 슬픔에 취약한 사람은 슬픈 상황으로 해석하길 반복한다.

그런데 이미 감정에 휩쓸린 눈으로는 상황을 제대로 판단하기 어렵다. 그래서 상황을 알기에 앞서 먼저, 나의 감정의 구조를 이해하는 노력이 필요하다. 내가 유독 취약한 감정을 떠올려 보자. 단지 감정을 참아야 한다는 압박 탓에 많은 사람의 감정 구조가 견고해지지 못한 채 변형되었다.

이제라도 내 안의 감정 구조를 들여다봐야 한다. 그 어긋난 구조 때문에 우리는 고마운 상황에서 엉뚱하게 질투하고, 미안한 감정을 도리어 분노로 표출한다. 이러한 서툰 감정의 물길을 건강한 방향으로 돌리기 위해 스피노자는 아래처럼 감정을 무려 48가지로 구분하고 분석했다. 뭉친 감정을 풀어내 어떤 감정들이 있는지 보여 줌으로써 감정을 참기보다는 정확히 인식해 해결할 발판을 마련해 준 것이다.

비루함, 자긍심, 경탄, 경쟁심, 야심, 사랑, 대담, 탐욕, 반감, 박애,

연민, 회한, 당황, 경멸, 잔혹, 욕망, 동경, 멸시, 절망, 음주욕, 과대평

가, 호의, 환희, 영광, 감사, 겸손, 분노, 질투, 적의, 조롱, 욕정, 식탐,

두려움, 동정, 공손, 미움, 후회, 끌림, 치욕, 겁, 확신, 희망, 오만, 소심,

쾌감, 슬픔, 수치심, 복수심.

위 감정들을 보며 나의 마음속을 들여다보자. 내가 자주 쉽게 휩쓸

리는 감정과, 반면 유독 결여된 감정은 뭔지 찾아보면 좋을 것이다.

관찰해야 알아차릴 수 있다

몸에서 일어나는 현상을 주의 깊게 관찰하고,
몸에서 사라지는 현상을 주의 깊게 관찰하며,
몸에서 일어나고 사라지는 현상을 주의 깊게 관찰하라.
마찬가지로 느낌과 마음과 마주하는
모든 대상도 이렇게 관찰하라.

석가모니

나의 감정 구조를 파악했다면 일단 이전보다는 감정을 경영하기 수월할 것이다. 만일 나의 핵심 감정이 분노라면 덜 분노에 휩쓸릴 여지가 생기고, 희망이 부족한 감정이었다면 이후로는 조금 더 희망적일 수 있게 된다.

석가모니(釋迦牟尼, BC 563~483년). 불교의 교조. '깨달은 자'라는 뜻의 붓다 혹은 부처로도 불린다. 인도의 한 왕국에서 왕자로 태어났으나 출가해 수행자가 됐다. 고행이 아닌 중도 수행에 따른 해탈을 주장했으며, 사회적으로는 계급 차별에 반대했다. 인용문 출처:《쌍윳따 니까야》

감정 구조를 파악한 다음에는 그 구조에 근거해 감정 설계도를 그려 보자. 지나친 감정은 덜어 내고 부족한 감정은 북돋우는 식이다. 즉, 좋은 감정을 기르고 부정적인 감정을 줄이려는 게 목적이다. 그리고 그 지도에 근거해 순간순간의 감정을 다스리고 경영한다.

석가모니는 감정을 다스리는 여러 수행법을 고안했는데, 그중 '알아차림' 혹은 '마음챙김'이라 불리는 수행법이 핵심이다. 알아차림이란 간단히 말해 나의 모든 반응을 있는 그대로 관찰해 알아차리는 것을 뜻한다. 즉 순간순간의 나와 마주하는 작업이다.

나를 관찰해 나에게서 일어나는 감정을 알아차리기만 한다면 그 감정은 다스릴 수 있다. 일찍 알아차릴수록 더 좋을 것이다. 따라서 알아차림은 나의 감정을 빨리 그리고 정확히 파악하는 것이다.

석가모니는 먼저 몸의 현상을 주의 깊게 관찰하라고 한다. 어떠한 감정이 일어나면 그 감정은 어떻게든 몸으로 드러난다. 예를 들어, 분노가 일면 호흡이 가빠지거나 미세하게 몸이 떨린다. 이러한 현상에 주목하면 나의 감정이 싹트는 것을 더 빨리 알아차릴 수 있다. 그러면 그 감정을 내 의지대로 더 키우거나 꺼뜨리기 쉬워진다.

틱낫한과 달라이 라마 등 많은 불교 수행자가 이러한 알아차림을 통해 감정을 다스렸다. 지금은 고인이 된 애플 창업자 스티브 잡스도 알아차림 명상을 수행했고, 그 덕분에 감정과 잡념을 다스려 아이디어 계발에 집중할 수 있었다고 한다.

관점

관점 바꾸기

관점대로 즉,
보는 대로 세상은 존재한다.
세상 자체는 객관적인데,
우리가 주관적으로 보는 것이다.

따라서 나의 주관에 따라 나의 세상이 달라지고,

나의 세상이 달라질 때

정말 객관적인 세상도 달라질 수 있다.

그러므로 수양을 통해

언어생활의 기본인 나를 닦았다면,

다음은 관점을 확립해야 한다.

주관이 없는 사람의 말은 공허하다

내면이 부족한 사람은 말이 번잡하고,
마음에 주관이 없는 사람은 말이 공허하다.

성대중

내면이 부족한 것과 마음에 주관이 없는 것은 실상 같은 상태다.
나만의 관점이 없다는 뜻이다. 그런 사람은 공허해 말이 번잡하고,
번잡하니 말 또한 공허하다.

누군가 내게 A라는 문제를 어떻게 보느냐고 물었다고 하자. 나는

성대중(成大中, 1732-1809년). 조선 후기 성리학자. 정조가 깊이 신뢰했으나 서얼 출신인 탓
에 높은 관직에 오르지는 못했다. 박지원, 이덕무 등 북학파와 교류했다. 일본 기행문《일
본록》과 자신의 호 '청성'을 따 지은《청성잡기》를 남겼다. 인용문 출처:《청성잡기》

A에 대해 생각해 본 적이 없다. 아니, 생각은 했지만 깊이 고민해 나름의 관점을 정리한 바 없다. 그럴 때 나의 대답은 공허할 수밖에 없다. 핵심 없는 말을 하니 말이 붕 떠 조잡해질 수밖에 없다.

반면 A에 대해 관점이 뚜렷한 사람은 할 말이 많을 것이다. 말은 많되 넘치지 않으며 조리 있게 주장을 펼 수 있다. 물론 논리적인 말이라고 해서 다 좋은 건 또 아니다. A에 대한 관점은 뚜렷하지만 그 관점이 너무 뻔하고 흔하거나 이치에 어긋난다면 어떨까. 그다지 매력적인 대답은 아닐 것이다. 따라서 관점은 갖되 참신해야 한다.

다만 통찰하려 애쓸 뿐이다

그대는 내가 많이 배워서 그것을 암기하는 사람이라
생각하는가? 아니다. 나는 다만 하나로 꿰뚫을 뿐이다.

공자

　　앞 글의 예를 이어 가 보자. 누군가 A에 대해 물었을 때 나의 관점
이 있어야 말이 장황하지 않고 핵심을 짚을 수 있다. 그런데 A가 아
니라 내가 잘 모르는 B나 C를 묻는다면? 알파벳 대문자는 A부터 Z
까지 스물여섯 개이지만 세상의 일과 이슈는 수없이 많다. 만물박사

공자(孔子, BC 551-479년). 중국 춘추시대 철학자이자 유교의 시조. 여러 나라를 주유하며
철학을 설파하고 제자를 양성했다. 사후 그의 언행을 모은 《논어》가 편찬됐고, 《논어》에
담긴 공자의 철학은 동아시아에서 중추적인 사상으로 자리매김했다. 인용문 출처: 《논어》

가 되어야만 매력적이며 의미 있는 말을 도출할 수 있는 것일까?

공자에 따르면 그렇지 않다. 공자는 생전에 이미 명성이 높은 학자였다. 전국 제후들의 존경을 받았고, 제자만 무려 삼천 명이 넘었다고 한다. 사후에도 공자의 사상은 쭉 이어져 서양의 계몽주의에 영향을 끼친 것은 물론, 2500년이 지난 오늘날까지도 지대한 힘을 미치고 있다.

이토록 큰 업적을 남긴 공자이지만, 그 역시 모르는 게 많아서 모르는 건 누구에게나 물었으며 심지어 잘못된 지식 탓에 제자에게 핀잔도 들은 적이 있다. 그럼에도 당시는 물론 지금까지 공자의 철학이 힘을 지니는 것은 그의 남다른 관점 때문이다.

공자 자신도 이렇게 밝혔다. 자신은 많이 배워 암기해서 말하는 것이 아니라 하나로 모든 걸 꿰뚫을 뿐이라고. 여기서 '하나'는 물론 관점이다.

오직 신분으로 사람을 평가하던 시대에 공자는 인격만으로 사람을 바라보았다. 엄한 형벌로 백성을 통치하던 시대에 '통치자는 바람이요 백성은 풀'이라고 통찰했다. 즉, 바람이 불면 자연히 눕는 풀처럼, 통치자가 선하면 백성은 절로 따르게 돼 있으니 백성을 처벌할 생각 말고 자기 수양에 전념하라는 것이다. 이외에도 공자는 사회, 교육 등 여러 분야에 기존의 관점과 결이 다른 새로운 관점을 제시했다.

관점이란 나무뿌리와 같다. 관점이 깊고 단단하다면, 다른 건 세세히 알지 못하더라도 충분히 깊이 이야기할 수 있다.

관점이 바뀌어야 말도 바뀐다

모든 사회에 이데올로기가 반드시 필요한 이유는
그것이 사람들을 형성하고 변형시키고 그들로 하여금
자신의 사회적 기반과 위치에 부응하도록 하기 때문이다.

루이 알튀세르

언어란 필연적으로 그 언어가 속한 사회의 지배적 관점을 담는다. 예를 들어 "남녀노소"란 네 글자에는 여성보다는 남성을, 어린이보다는 노인을 우위로 보는 시각이 내포돼 있다. 알튀세르 식으로 표현하면 "이데올로기"인데, 간단히 말해 이데올로기는 한 사회 전반

루이 알튀세르(Louis Althusser, 1918-90년). 프랑스 철학자. 과학적 마르크스주의를 주창했다. 파리 고등사범학교 교수를 지내면서 자크 데리다, 알랭 바디우 등 많은 철학자를 양성했다. 철학적 측면에서 마르크스주의에 구조주의를 도입했으며, 급진주의 노선에 입각해 현실 정당을 비판했다. 인용문 출처:《마르크스를 위하여》

에 통용되는 지배적인 관점이다.

지배적인 관점은 좋든 나쁘든 사회에 꼭 필요하다. 왜냐하면 그것이 개인을 형성하기 때문이다. 지금은 덜하지만, 결혼이 의무라고 여기는 사회에서 모든 개인은 자신을 미혼자 혹은 기혼자로 규정한다. 여기에 비혼자가 설 자리는 없다.

또한 지배적 관점은 사람들을 사회가 요구하는 것에 맞춰 살도록 만든다. 가령 미혼자는 미혼자답게 결혼을 서둘러 준비하게 하고, 기혼자는 기혼자답게 이혼을 최대한 멀리하며 살아가게 한다. 이처럼 관점은 언어는 물론 현실의 구석구석에까지 영향을 미친다. 사회의 묵은 질서를 유지하기 위해 필요한 것이다. 여기까지는 관점의 부정적인 측면이다.

한편 관점이 사회에 꼭 필요한 이유도 있다. 알튀세르도 언급했듯이 관점은 사람을 변화시킨다. 관점이 새로워지면 사람 역시 새롭게 태어날 수 있기 때문이다. 말 공부에 관점 공부가 필요한 이유다. 새로운 관점에서 새로운 사람이 태어나고 새로운 말이 나온다.

세계관이 없는 건 불가능하다

어느 누구도 세계가 우리에게 자신을 드러내는
방식 이외의 방식으로 세계를 보여 줄 수는 없다.
그러므로 어쩔 수 없이 우리는 관점으로 돌아온다.
세계관이 없는 것은 불가능하며,
설령 가능하더라도 이를 바라지 않는다.

마르틴 부버

마르틴 부버는 관점 없이 세계를 볼 수 없다고 한다. 이는 주관적
관점을 제거한 채 세계를 있는 그대로 보는 건 애초에 불가능하다
는 얘기다. 관점이 없다는 건 죽은 상태와 다름없다. 관점을 가졌다

마르틴 부버(Martin Buber, 1878-1965년). 오스트리아에서 태어난 유대인 철학자이자 신학
자. 세계대전과 유대인 학살을 겪었음에도 종교적 경건주의에 기반해 인간을 신뢰하는 철
학을 주장했다. '만남'과 '대화'를 탐구한 《나와 너》가 명저로 꼽힌다. 인용문 출처: 《교육
강연집》

는 것이야말로 곧 그 사람의 인식 체계가 생동한다는 증거이기 때문이다. 그러므로 우리는 어떻게 최대한 관점을 없애야 할지가 아니라 더 훌륭한 관점에 기초할 수 있을까를 고민해야 한다.

학교와 사회가 우리에게 주입한 관점은 그다지 훌륭하지도 새롭지도 않다. 기존의 관점을 고수해서는 남다른 언어생활을 영위할 수 없다. 새로운 언어생활을 바란다면 관점을 먼저 바꾸어야 한다. 세상을 바라보는 시선의 깊이가 곧 내 언어의 깊이란 점을 명심하자.

무당과 목수는 서 있는 곳이 다르다

화살 만드는 이라고 어찌 갑옷 만드는 이보다
어질지 않겠느냐마는, 화살 만드는 이는 사람을
다치게 하지 못할까 봐 걱정하고, 갑옷 만드는 이는
사람이 다칠까 봐 걱정한다. 무당과 관 짜는 목수도 그렇다.

맹자

　화살 만드는 이라고 해서 더 나쁘고, 갑옷 만드는 이라고 해서 더
착한 것은 아니다. 자신이 처한 자리에 맞게 화살 만드는 이는 사람
을 다치게 할 방법을 연구하고, 갑옷 만드는 이는 사람을 지키는 법
을 연구한다. 같은 이유로, 무당은 사람에게 닥친 액운을 물리치고

맹자(孟子, BC 372-289년). 중국 전국시대 철학자이자 논객. 공자를 이어 유교 철학의 체계
를 세웠다. 인간의 본성이 선하다고 주장했으며, 부국강병 정치에 맞서 민본과 애민 정치
를 설파했다. 혁명론을 옹호한 탓에《맹자》는 종종 금서가 되었다. 인용문 출처:《맹자》

자 하고, 관 짜는 목수는 관을 팔아야 하니 사람이 죽기를 기다릴 수밖에 없다.

자기이해에 따라 사고하는 것은 당연하다. 앞에서 보면 앞태가 보이고 뒤에서 보면 뒤태가 보이는 것처럼, 내가 처한 자리가 곧 나의 관점이 된다. 따라서 뒤태를 보고자 한다면 뒤로 옮겨 가야 하듯이 기존의 관점을 바꾸고자 한다면 나의 위치를 전환해야 한다. 관점을 영어로 번역하면 'standpoint'와 'viewpoint'다. 말 그대로 서 있는(stand) 지점(point)이 곧 보는(view) 지점(point)이다. 예를 들어, 수업 방식을 바꾸고 싶은 교사라면 직접 학생이 되어 보는 것이다. 연수원이나 문화센터에서 수업을 들어 보는 것도 한 방법이다.

이처럼 관점이란 필연적으로 위치의 제약을 받을 수밖에 없지만, 앞자리에서 뒷모습을 상상하는 일도 가능하다. 현실적으로 내가 처한 자리를 옮기기 어렵다면, 역지사지하고 반성해 보는 것이다. 그러면 자리를 옮기지 않고서도 관점을 바꿀 수 있는 길이 열린다.

간절히 물어야 달라질 수 있다

널리 배우고 뜻을 깊이 새기며,
간절히 묻고 곁에서부터 생각하라.

자하

앞서 말했듯이 관점은 내가 처한 위치에 기초한다. 여기에 지배적인 관점이 또 얹힌다. 예컨대 남성 중심 사회에서 사는 남성은 남성이라는 자기 신체에 기초해 남성적 관점을 체화하는 동시에 사회의 지배적인 남성 중심적 관점도 내면화한다. 즉 자신이 처한 현실과

자하(子夏, BC 507-420년). 중국 춘추시대 학자. 공자의 수제자 중 한 명이다. 공자 제자 중에서 특히 학문이 뛰어난 것으로 평가받았다. 일설에 따르면, 어린 자식의 죽음을 너무 슬퍼한 나머지 실명했다고 한다. 인용문 출처: 《논어》

이데올로기라는 두 관점 위에 존재하는 것이다.

따라서 새 관점을 창조하려면 후천적인 노력이 필요하다. 자하는 네 가지 방법을 제안한다. '널리 배움', '뜻을 깊이 새김', '간절히 물음', '곁에서부터 생각함'이 그것이다. 이를 통해 자하가 얻고자 한 것은 인(仁)인데, 여기에서 인은 덕목이라기보다 하나의 관점에 가깝다. 각 방법을 하나씩 살펴보자.

'널리 배움'은 자신의 기존 지식 체계를 확장하는 것이다. 인문학을 공부해야 하는 이유다. 인문학은 실생활에 유용한 정보를 제공하는 데 목적을 두지는 않지만, 관점의 근본을 건드린다. 그동안 인문학이 쌓아 온 풍부한 관점을 배우는 과정에서 자연히 나의 관점도 터득할 수 있다.

'뜻을 깊이 새김'은 외압에 휘둘리지 않게 꾸준히 용기를 기르는 것을 말한다. 새로운 관점을 꿈꾸고 사유할 때 우리는 유무형의 외적 압박을 겪는다. 관점이 다르다는 이유로 주변 사람들에게서 따가운 눈총을 받을 뿐 아니라 여러 불합리와 부조리를 통찰함으로써 불편해지기 시작하는 것이다. 불편한 만큼 나는 괴롭지만, 그럼에도 새 관점을 구축하려면 견뎌 내야 한다.

'간절히 물음'은 문제의식을 갖는다는 뜻이다. 물이 가득 찬 그릇에 물을 더 붓기는 어렵다. 더 부으려면 물을 덜어 내야 한다. 문제의식이란 이미 차 있는 물을 의심하는 것이다. 모두 당연시하는 것에 질문을 던지는 것, 마침표를 지우고 그 자리에 물음표를 새기는 작업이 '간절히 물음'이다.

마지막으로 '곁에서부터 생각함'은 세상을 고민하기 전에 먼저 나와 내 주변부터 찬찬히 살피는 것을 일컫는다. 일상을 먼저 새롭게 바라보는 노력이 필요하다는 것이다. '나'가 바뀌는 것이야말로 진정한 변화의 시작이기 때문이다.

이 넷을 유기적으로 실천할 때 새로운 관점을 기획하고 창조할 수 있다.

진리는 하나가 아니다

진리가 전능한 힘을 갖지 않는다는 사실이 종국적으로
뜻하는 바는, 진리의 생산물인 주체적 언어가 모든 상황을
명명할 수 있는 권력을 갖지 않는다는 뜻이다.

알랭 바디우

철학의 두 갈래는 절대주의와 상대주의다. 절대주의란 세상에는
분명 올바른 하나의 관점이 존재한다는 믿음이며, 상대주의란 하나
의 옳은 관점은 없으며 선악과 장단의 측면을 지닌 여러 관점이 동등
하게 공존할 뿐이라는 반박이다. 이 중 바디우 주장은 절대주의에 가

알랭 바디우(Alain Badiou, 1937-). 프랑스 철학자. 정신분석학과 수학을 차용해 자신의 진
리 철학을 구축했으며, 사상가들과 철학 논쟁을 벌이는 것은 물론 현실정치 이슈도 날카
롭게 분석하고 있다. 2013년 방한 때, 한반도 통일에 대해 "남한도 북한도 아닌, 새로운
한국을 만들어 가야 한다"는 발언을 남겼다. 인용문 출처:《윤리학》

깝다.

바디우는 하나의 올바른 관점을 '진리'라 표현한다. 바디우에게 철학이란 이 진리를 향한 끝없는 탐구와 실천이다. 하지만 이 진리가 만능을 뜻하지는 않는다. 그가 말하는 진리는 절대주의와 상대주의를 종합한 것으로, 언제 어디에서나 통용되는 하나의 진리는 없지만 각각의 상황에 맞는 진리는 존재한다는 뜻이다. 예를 들어 고대 신라에도, 현재 대한민국에도 두루 쓰일 진리는 없다. 그러나 신라 시대의 진리와 대한민국의 진리는 각각 존재한다.

바디우 말에 따르면 진리가 되는 관점을 확립할 때 비로소 "주체적 언어"도 탄생한다. 이 언어는 기존의 지루한 언어가 아니다. 새로운 내용과 형식을 갖춘다. 그로 인해 언어생활이 전환된다. 따라서 새로 확립한 나의 관점에 충실하게 보되, 그것이 모든 상황에 적용되리라 자만해서는 안 된다.

정리하자면 다음과 같다. 이미 주입돼 있거나 사회가 내게 요구하는 관점을 의심하자. 그리고 그 자리에 새로운 관점, 나만의 관점을 쌓자. 남이 아닌 나의 시선으로 나를 바라보고 세상을 바라보자. 다만 나의 관점이 언제나 완벽한 것은 아님을 인정하자.

3단계

지성

말이 깊어지려면

말을 할 때 형식보다 중요한 것이 내용이다.
말의 내용을 깊게 하는 것이 지성이다. 지성이란 나를 알고
타인을 아는 것이며, 사람을 알고 세상을 아는 것이다.
그것도 적당히 아는 수준이 아니라 잘 아는 것이다.
타인의 말과 글을 타산지석 삼아 나를 돌아보고,
타인의 견문을 통해 나의 견문을 확장함으로써
지성을 연마할 수 있다.

지식을 그대로 받아들여서는 지성이 길러질 수 없다.

나의 해석을 거쳐야 지식은 지성이 되고 지혜가 된다.

이 지점에서 해설과 해석이 구분된다.

해설은 주어진 말을 알맞게 풀이하는 것인 반면,

해석은 말을 하는 화자와 그 말의 배경까지

꿰뚫어 보는 것이다.

단정하자면 해설은 객체로서 하는 것이요,

해석은 주체로서 하는 것이다.

세상의 지식을 익히고 이를 기반으로

나의 말에 힘을 부여하고자 한다면

해석하는 훈련은 필수다.

마음보다 높은 것이 지성이다

감각이 중요하다고 사람들은 말하나, 감각보다 높은 것이
마음이다. 그러나 마음보다 높은 것은 지성이며,
지성 위에 있는 것이 자아다.

바가바드기타

보통 고대 철학에서는 마음을 중시하는데 《바가바드기타》에서는
그보다 지성을 우위에 둔 점이 흥미롭다. 지금도 마음먹기에 달렸다
거나 마음이 착하다는 말을 자주 쓴다. 대부분 이처럼 의지 내지 도
덕적인 것으로 마음을 한정한다.

《바가바드기타(Bhagavadgītā)》. 인도의 고대 경전. 줄여 《기타》라고도 한다. 인도 사상을 압
축한 철학적 시집이다. 작자 미상이며 집필 연대도 BC 2세기부터 AD 5세기까지 넓게 추
정된다. 간디는 《기타》를 자기 "삶의 안내자"이자 "행동의 사전"이라고 평했다. 인용문 출
처: 《바가바드기타》

교과서나 '어른'들은 외모와 스펙, 물질적인 배경보다 굳건한 의지와 착한 마음씨가 더 중요하며 오직 이것이 사람을 평가하는 기준이 되어야 한다고 강조한다. 그래서 실제로 우리는 외모와 스펙 등을 중시하면서도 한편으로는 마음이야말로 제일 가치 있는 것이란 사실도 잊지 않으려 애쓴다.

그러나 마음만으로는 무엇도 되지 않는다는 것을 우리는 알고 있다. 마음씨가 착하고 의지가 확고하더라도 이를 뒷받침할 지성이 부재하다면 소용없다. 지성 없는 착한 행동이 오히려 악한 결과를 낳을 수도 있다.

《바가바드기타》가 마음 위에 지성을 둔 것도 이런 배경에서다. 상대방과 좋은 대화를 하고 싶다는 마음만으로는 좋은 대화가 힘들다. 상대방에 대해 알아야 하고, 상대방이 원하는 것을 읽어야 하며, 때로는 상대방이 자신의 문제를 좋은 방향으로 풀 수 있게 지혜롭게 조언도 해 줘야 한다. 그러므로 좋은 대화를 위한 지성도 공부해야 한다. 책과 경험 등을 통해 '관계'를 공부하고, 상대의 말을 경청하면서 상대를 이해해야 한다. 이것이 지성을 넓히는 길이다.

참고로 《바가바드기타》는 가장 높은 곳에 자아를 두었는데, 이는 당연한 귀결이다. '나'가 있어야 지성도, 마음도, 감각도 있기 때문이다. 또한 자아가 있어야 타인, 세상과 소통도 가능하다.

'엉터리 화가'에 대한 분노가 시를 쓰게 했다

꽃피는 사과나무에 대한 감동과,
엉터리 화가에 대한 분노가 나의 가슴속에서 다툰다.
그러나 바로 두 번째 것이 나로 하여금 시를 쓰게 한다.

베르톨트 브레히트

위 인용문은 시 〈서정시를 쓰기 힘든 시대〉의 마지막 구절이다. 독일에서 태어난 브레히트는 히틀러의 압제를 겪었다. 그 시대를 말 그대로 '서정시를 쓰기 힘든 시대'라 명명했다. 그래서 브레히트는 흔히 떠올리는 따뜻하고 자연을 노래하는 시가 아닌, 어둡고 비판적인

베르톨트 브레히트(Bertolt Brecht, 1898-1956년). 독일의 시인 겸 극작가. 마르크스주의자. 사회 부조리와 나치즘을 비판하는 글을 썼다. 의도적으로 관객의 극 몰입을 방해하는 '낯설게 하기'란 기법을 고안한 것으로 유명하다. 인용문 출처:《서정시를 쓰기 힘든 시대》

저항시를 썼다.

꽃피는 사과나무에 대한 감동이 서정시의 원천이라면, 엉터리 화가에 대한 분노는 저항시의 이유다. 엉터리 화가란 악으로 세상에 붓질을 하는 히틀러와 그의 국가를 가리킨다. 브레히트가 생각하기에, 어두운 사회를 외면한 채 아름다움을 노래한다는 것은 어쩌면 그 자체로 진실을 은폐하는 것이요 부역이었다.

물론 그렇다고 해서 사과나무에 대한 감동과 서정시가 불필요한 것은 결코 아니다. 어느 시대에나 서정시와 저항시는 함께 필요하다. 다만 서정시만이 독존하는 시대에 저항시를 씀으로써 브레히트는 이 균형을 맞추었을 뿐이다.

당시 독일 제국주의는 히틀러 한 사람이 아닌, 다수 국민의 동의와 지지 위에 존립했다. 당대 사람들에게 이런 치부를 환기시키는 브레히트의 시는 무척 불편했을 것이다.

물론 히틀러 시대에만 문제가 있었던 건 아니다. 정도만 다를 뿐 어느 시대나 문제는 있다. 그러한 문제를 덮어 두는 글은 누구에게나 쉽고 또 편하게 읽히는 반면, 문제를 드러내는 글은 불편하게 한다.

하지만 지성과 견문을 더 넓히려면 어렵고 불편한 글을 읽어야 한다. 일부러 어려운 말들로 도배한 글이 아닌, 사회의 이면을 짚어 낸 관점과 사유가 담긴 글들에 눈길을 주어야 한다. 나와 생각이 같은 글을 읽는 것은 그저 반복 행위이지만, 내 생각과 다른 글, 말을 접하는 것은 나를 확장하는 일이기 때문이다.

죽을 때는 그 말이 선하다

새가 죽을 때는 그 울음이 슬프고,
사람이 죽을 때는 그 말이 선하다.

증삼

태어난 모든 것은 언젠가 죽는다. 이는 거부할 수 없는 숙명이다.
그렇기에 지금 이 순간이 더욱 소중하고 의미 있는 것이기도 하다.
어쩌면 철학도 문학도 이 죽음이라는 기약 없는 이별 탓에 생긴 것
일지 모른다. 이처럼 죽음이란 우리 삶의 필연적 과제이며 그로 인해

증삼(曾參, BC 506~436년). 중국 춘추시대 학자. 공자의 제자로,《논어》편찬에 깊이 관여했
다. 지극한 효자로 이름이 높았고《효경》을 저술한 것으로 전해지나 확실치는 않다. 후대
주희에 의해 공자와 더불어 성현의 반열에 세워졌다. 인용문 출처:《논어》

역설적으로 삶에 깊이를 더한다.

특히 죽음이 다가올 때 이전에는 보이지 않던 것들이 보이기 시작한다. 목표만 좇던 사람은 목표가 사라졌을 때에야 비로소 자신과 마주하게 된다. 목표들에 짓눌려 있던 소중한 것들을 돌아보게 되는 것이다.

그래서 죽음을 앞둔 새의 서글픈 단말마만큼이나 죽음을 앞둔 사람의 말은 큰 울림이 있다. 끊임없이 바깥을 향해 질주하던 삶을 멈추었을 때 찾아오는 허탈함과 후회 혹은 평안과 깨달음은 본인은 물론 남겨진 사람에게도 큰 의미를 던진다.

물론 죽음 직전의 사람만 이런 깨달음을 얻는 건 아니다. 전제는 죽음을 진지하게 인식한 사람이다. 그런 사람이라면 신체적 죽음에 이르지 않고도 삶의 소중함을 깨우칠 수 있다.

죽음을 진지하게 인식하려면 먼저 그런 것을 고민한 선구자들의 말과 글을 보면 된다. 더 나아가 나와 가까운 이들의 죽음과 마주했을 때 내면의 소리에 귀 기울여 보는 것이다. 그러면 현재의 삶이 더 가치 있고 소중하게 느껴지리라.

브레히트는 어렵고 불편한 글을, 증삼은 삶과 죽음을 깊게 사유하는 말을 촉구한다. 이러한 글과 말을 접하면서 나의 지성은 더욱 깊게 확장될 수 있다.

책을 읽을 때도 마땅히 치열해야 한다

모름지기 한 번 때렸으면 한 줄기 흔적이 남아야 하고,
한 번 쳤으면 한 움큼 피가 묻어나야 한다.
글을 읽을 때도 마땅히 이와 같아야 하니,
어찌 마음을 두지 않을 수 있겠는가?

주희

옛 선비들은 위 인용문처럼 치열하게 글을 읽었다. 주희는 독서를
결투에 비유할 정도였다. 생사의 결투라면 나의 공격은 마땅히 치명
타가 되어야 한다. 글 읽기도 이와 같다. 글을 읽었다면 분명 남은

주희(朱熹, 1130-1200년), 중국 송나라 유학자. 기존 유학과 도학에, 불교와 도교의 영향을
더해 성리학을 성립했다. 사후 중국에서도 영향력이 컸으나, 특히 조선에서 성리학이 국
가철학으로 자리 잡으면서 숭상의 대상이 되었다. 조선 중기 이후 선비 대부분은 주희를
계승한 성리학자라 할 수 있다. 인용문 출처:《주자어류》

바가 있어야 한다. 한 줄을 읽었다면 나의 삶도 그만큼 바뀌어야 한다. 글을 읽기 전과 후가 다르지 않다면 그것은 읽지 않은 것과 진배 없다.

선비들이 이렇게 치열하게 독서했던 이유는 독서를 단지 지식을 쌓는 수단이 아니라, 삶의 의미를 더 깨닫게 하는 관문으로 여겼기 때문이다. 선비들은 그저 먹고사는 삶이란 의미가 없다고 보았으며, 이 땅에 태어난 이상 무언가 의미 있는 것을 남겨야 한다고 생각했다. 그리고 독서로 그 길을 찾고자 했다.

나의 삶을 바꾸는 독서. 여기서 주의할 점은 치열함이 책을 집중해서 열심히 읽는 것만을 가리키지 않는다는 것이다. 열심히 읽은 결과는 암기이나, 독서를 통해 이루어야 할 결과는 삶의 변화다.

독서할 때 집중해야 할 대상은 글이 아닌 나 자신이다. 글을 읽을 때마다 나의 삶과 세상을 돌아보며 읽어야 한다. 또한 그럴만한 가치가 있는 글을 선별해 읽어야 한다. 이것이 지성을 기르는 자세다.

신영복 선생은 이렇게 말했다.

책은 반드시 세 번 읽어야 합니다. 먼저, 텍스트를 읽고 다음으로 그 필자를 읽고 그리고 최종적으로 그것을 읽고 있는 독자 자신을 읽어야 합니다.

모든 필자는 당대의 사회, 역사적 토대에 발 딛고 있습니다. 그렇기 때문에 필자를 읽어야 합니다. 독자 자신을 읽어야 하는 까닭도

마찬가지입니다. 독서는 새로운 탄생입니다. 필자의 죽음과 독자의
탄생으로 이어지는 끊임없는 탈주입니다.

세상을 바꾸는 해석이라야 한다

지금까지 철학자들은 세상을 여러 방식으로 해석해 왔다.
그러나 중요한 것은 세상을 바꾸는 것이다.

카를 마르크스

19세기 가장 영향력 있는 인물을 뽑는다면 단연 마르크스다. 마르크스는 자기 이전의 철학자들은 단지 세상을 다양하게 해석해 왔을 뿐이라고 비판한다. 각자의 철학을 잣대로 세상은 이렇다 저렇다 풀이해 왔을 뿐 더 나아가지 못했다는 것이다.

카를 마르크스(Karl Marx, 1818-83년). 독일의 철학자이자 경제학자.《자본》을 비롯해 자본주의 사회의 불평등 현상과 그 원인을 분석한 책들을 썼다. 그의 사상을 마르크스주의라 일컫는데, 이 사상은 전 세계 현실정치와 학계에 큰 영향을 끼쳤다. 인용문 출처: 〈포이어바흐에 관한 테제〉

얼핏 보기에는 마르크스가 철학의 역할에서 해석을 부정하고, 그 대신에 행동을 중시한 것 같지만 그렇지 않다. 마르크스가 주창한 것은 '진정한' 해석이다. 그간의 철학은 해석이 아닌 색칠만 했었는지 모른다. 철학자 다수가 하인을 거느리던 귀족이었고 사회의 혜택을 누리던 기득권이었다. 그들은 대부분 세상을 바꾸어야 한다는 의지가 절실하지 않았으며, 어쩌면 그들에게 철학이란 그저 고상한 지적 치장에 불과했을지 모른다.

반면 마르크스는 사회적 약자들을 뜨겁게 연민했고 그들을 착취하는 지배계급에 강하게 분노했다. 그래서 기존 세상에 덧칠을 하는 것이 아니라, 진정 세상을 바꿀 수 있는 해석을 꿈꾼 것이다. 세상의 부조리를 드러내고, 그 근본 원인과 해결책 제시를 자기 철학의 사명으로 삼았다. 그러므로 마르크스의 명제는 다시 이렇게 바꿔 볼 수 있다.

> 지금까지 철학자들은 세상을 유희로 해석해 왔다. 그러나 중요한 것은 세상을 바꾸는 해석이다.

이처럼 무언가를 변화시키려면 해석하는 것이 먼저다. 현재 상황을 해석하고 시비를 가려 문제 원인을 파악해야 한다. 환자를 치료하려면 우선 증상을 진단하고 병 원인을 알아야 하는 것과 같다.

언어도 그렇다. 나를 바꾸고자 한다면 나의 발화하는 언어와 나의 내면의 언어를 바라보고 해석해야 한다. 마찬가지로 타인을 바꾸고자 한다면 타인의 언어를, 관계를 바꾸고자 한다면 나와 너 사이의 언어를 해석해야 한다. 해석만으로 해결되는 것은 아니나, 해석하지 않고 해결할 방법은 없기 때문이다.

말에 감금당하지 말 것

말씀의 세계에서 내쫓기는 것은 비참하지만,
그것에 감금당하는 것은 더욱 비참하다.

버지니아 울프

국립국어원의 표준국어대사전은 '사랑'을 "남녀 간에 그리워하거
나 좋아하는 마음. 또는 그런 일"이라 정의한다. 연인 간이라 하지
않고 "남녀 간"이라 한정함으로써 동성애를 배제한다. 이것은 성소
수자가 말씀의 세계에서 내쫓긴 예다.

버지니아 울프(Virginia Woolf, 1882-1941년). 영국의 작가 겸 여성운동가. 모더니즘과 페미니
즘에 바탕을 둔 소설과 에세이를 썼다. 《자기만의 방》은 대표적인 페미니즘 고전이다. 인
용문 출처:《페미니즘의 도전》에서 재인용.

2000년대 초반만 해도 어떤 국어사전에선 '동성애'를 "동성끼리의 변태적 연애"라 정의했다. 그 외 다른 사전들에서도 동성애를 "부자연스러운 사랑(unnatural love)"으로 규정했다. 이것은 또한 성소수자가 말씀의 세계에 감금당한 예다.

전자도 문제가 있지만, 후자가 더 심각하다. 그래서 버지니아 울프도 언어로부터 내쫓기는 것보다 감금당하는 것이 더 비참하다고 말한 것이다. 그러나 역시 둘 다 비참하기는 마찬가지다. 피지배자가 선택할 수 있는 것은 이렇듯 말씀의 세계에서 내쫓기느냐, 감금되느냐 둘뿐이다.

역사를 보면 지배계급은 언어를 소유했고, 피지배계급은 대체로 문맹이었다. 물론 지금 우리 사회의 문맹률은 매우 낮다. 그러나 여전히 지배자는 언어를 지배하고 피지배자는 언어에 지배당한다. 지배자는 언어를 창안하고 규정하나, 피지배자는 지배자가 만든 언어를 사용한다.

권력관계란 그렇다. 윗사람이 사슴을 말이라 하자 모두 말이라 했다는 '지록위마'는 지금도 유효하다. 다만 그 방식이 은밀하고 세련되게 변했을 뿐이다. 현실권력을 쥔 사람이 언어를 지배하고, 또한 그를 통해 현실권력을 더욱 공고히 한다. 피지배자는 그 언어를 공부하고 내면화한다. 이러한 악순환을 역전시키는 것은 역시 해석이다. 해석이란 말씀의 감옥을 부수는 약자의 무기다.

말의 좌우를 살펴라

내가 유식한가? 그렇지 않다.
누군가 몰라서 물으면 나 역시 모르지만,
양단을 고루 두드려 최선을 다할 따름이다.

공자

공자라고 해서 다 아는 게 아닌데도 많은 이가 공자에게 자문과 조언을 구했다. 대답할 수 없는 질문을 받았을 때 공자는 양단을 두드렸다. 양단을 두드린다는 것은 좌우상하 여러 가능성과 주장을 선별, 종합한 후 결론을 도출한다는 뜻이다.

앞에서 언급한 '사랑'을 예로 들어 보면, 사랑을 남녀 간의 일로 규정한 국어사전을 접할 때 평소 성소수자에 관심이 없던 사람이라

인용문 출처:《논어》

면 별 문제의식 없이 넘어갈 것이다. 반면 공자라면 이것이 옳은가 양단을 두드릴 것이다. 국어사전과 다른 목소리도 두루 살핀 후 자신의 입장을 정하는 것이다.

나의 입장을 정한다는 것은 보이는 대로 믿지 않겠다는 선언이다. 주어진 대로 사고하지 않고 의문을 제기하는 것이다. 한쪽만 고집하지 않고 반대 측 목소리에도 귀 기울이는 등 다양한 주장을 섭렵한 후 나의 입장을 도출하겠다는 의지 표명이다.

말할 때는 물론, 들을 때도 논점을 정해야 한다. 그저 들리는 대로 수용하는 것이 잘 듣는 게 아니다. 말의 좌우를 살펴 핵심과 논점을 파악해야 한다. 이것이 공자의 해석 방법이다. 공자처럼 보이는 대로 들리는 대로 받아들이지 않고, 언제나 양단을 두드리는 태도가 필요하다. 그럴 때에야 비로소 지성이 발달한다.

4단계

창의성

참신하게 말하는 법

창의력을 요하는 시대다.
그러나 주입식 교육과 상명하복 문화를 버리지 않는 한
그런 사회는 요원하다. 헌 체제를 유지하면서
새 기술만을 수입하려던 과거 동도서기의
실패만 봐도 알 수 있는 일이다.

그럼에도 개인은 창의성을 갈망한다.

사회는 차치하고 일부 개인이라도 창의적이어야

그 개인은 물론, 조금이라도 세상이 달라질 수 있다.

언어에 있어서도 창의적인 말이 타인의 마음을 끈다.

식상한 말로는 의미와 진심을 전달하기 어렵다.

말 내용이나 형식이 새로워야 한다.

당신 안엔 무한한 힘이 있다

지능의 평등은 인류를 이끌어 주는 공통의 끈이자
인간 사회가 존재하기 위한 필요충분조건이다.
사실 우리는 인간이 평등한지 모른다.
인간은 '어쩌면' 평등하다고 말한다. 그것은 우리의 의견이다.
그리고 우리처럼 그 의견을 믿는 자들과 그것을
입증하려고 노력한다. 그러나 우리는 이 '어쩌면' 덕분에
인간 사회가 가능하다는 것을 안다.

자크 랑시에르

랑시에르는 현대의 고전 《무지한 스승》에서 인간의 지능이 평등하
다는 도발적인 주장을 펴기 위해 과거의 한 이야기를 발굴한다. 19세

자크 랑시에르(Jacques Rancière, 1940-). 알제리에서 태어난 프랑스 철학자. 좌파 노선을 걷
고 있다. 파리 8대학 교수로 재직하며 《무지한 스승》 등 여러 책을 썼다. 루이 알튀세르의
제자였으나, 알튀세르의 철학이 지능의 불평등을 옹호하는 측면이 있음을 비판하면서 이
론적 결별을 선언했다. 인용문 출처: 《무지한 스승》

기 루뱅 대학의 외국인 교수 자코토는 네덜란드 학생들에게 프랑스어를 가르쳤다. 그런데 문제는 학생들은 프랑스어를 전혀 모르고, 자코토 역시 강의를 매개할 네덜란드어를 모른다는 것이었다.

자코토는 단지 학생들에게 간단한 교재를 제공하고 학생들이 공부하는 것을 지켜보는 것에 불과했다. 한데 놀랍게도 점차 학생들은 프랑스어를 완벽하게 구사할 수 있게 되었다. 스승이 일방적으로 지식을 주입하지 않고, 학생들의 의지를 북돋워 주는 것만으로도 교육이 가능하다는 것을 보여 준 예다. 이를 통해 랑시에르는 사람 사이에 일방적인 지시 구조가 불필요함을 역설하고, 사람의 지능이 놀라울 정도로 평등하다는 점도 강조했다.

물론 랑시에르의 주장을 그대로 수용하기에는 무리가 있다. 자코토와 다른 사례를 우리는 주변에서 쉽게 볼 수 있기 때문이다. 랑시에르가 자신의 주장에 '어쩌면'이란 단서를 붙인 이유다. 하지만 지능이란 사실 불평등할지 몰라도, 지능의 평등성을 믿고 나아가려는 이들의 노력이 쌓여 사회는 발전한다.

랑시에르의 주장이 의미 있는 이유는, 지능의 평등을 입증해서라기보다는 지능의 평등에 대한 가능성을 발견했기 때문이다. 어렸을 때 교육을 받지 못했다고 해서, 가난 탓에 책 읽을 기회가 많지 않았다고 해서 지능이 떨어지는 게 결코 아니라고 랑시에르는 밝혀내고자 했다. 사회적 배경 때문에 자기 지능이 남들보다 부족하다고 생각하는 이들에게 이론적 희망과 가능성의 토대를 제공한 것이다.

자코토 사례 같은 지적 기적을 일으키려면 먼저 '나는 안 된다', '나는 모자라다'는 생각에서 벗어나야 한다. 나의 무한한 잠재력을 확고히 믿어야 한다. 믿음과 노력으로 모든 걸 해석하고 해결하려 해서는 안 되지만, 그렇다고 해서 그것들을 폄하해서도 안 된다. 지적 도약을 꿈꾼다면 나의 무한한 힘을 신뢰해야 한다. 창의성을 키우려면 우선, 자신을 신뢰하라.

마음이 바뀌어야 패러다임도 바뀐다

새로운 패러다임에 따라 과학자들은
새로운 도구들을 사용하고 새로운 곳을 본다.
여기서 주목할 점은, 과학혁명의 기간 동안에는
친숙한 도구들을 가지고 이전부터 보아 왔던 곳에서
새롭고도 다른 사물과 사태들을 본다는 것이다.

토머스 쿤

과학자 집단만큼은 철저히 이성적으로 사고할 것 같지만, 과학철학자 토머스 쿤에 따르면 그렇지 않다. 대개의 학문은 새 이론이 헌

토머스 쿤(Thomas Kuhn, 1922-96년). 미국 과학철학자. 프린스턴 대학 교수를 지냈으며,《과학혁명의 구조》등 여러 책을 남겼다. 과학의 발전 과정을 설명하기 위해 '패러다임'을 비롯해 '정상과학', '공약불가능성' 등의 개념을 만들어 냈다. 인용문 출처:《과학혁명의 구조》

이론을 대체하면서 발전하지만, 꼭 그런 것만은 아니다. A 이론의 반증 사례를 발견했다고 해서 과학자들이 곧바로 A를 폐기하지는 않는다. 과학 역시 사람이 관여하는 일이기에, 과학자들 입장에선 여태믿어 온 이론을 쉽사리 포기하기 어렵다.

과학은 단지 반증들로 점차 발전하는 게 아니라 패러다임이 근본적으로 전환될 때 발전한다. 이처럼 패러다임이 전환되는 것을 과학혁명이라고 일컫는데, 패러다임이란 '특정한 과학자 사회가 지닌 신념의 집합'을 말한다. 사고 체계에서도 가장 아래에 있는 근본적인 영역이다.

그렇다면 패러다임의 전환 조건은 무엇일까. 첫 번째, 기존 이론과어긋나는 사례가 자주 등장해 과학자 집단 내에서 위기감이 조성되어야 한다. 두 번째, 기존 이론의 자리를 메꿀 대안 이론이 등장해야한다. 토머스 쿤은 과학의 발전 동력을 이성으로만 해석하지 않고, 과학자들의 심리에도 주목한다.

가장 이성적인 학문인 과학조차 우선 그 일을 하는 사람들의 마음이 바뀌어야 한다는 주장이 흥미롭다. 이처럼 나의 기존 관점, 주장과 다른 많은 사례가 있어도 이를 수용할 용기가 없다면 아무 소용이 없다. 누군가 새로운 대안을 내놓아도, 이에 귀 기울일 의지가없다면 역시 무의미하다.

창의적이고자 한다면 낡은 것을 버릴 용기를 가져야 한다. 고집과거부감은 내려놓고 타인의 것과 새로운 것으로 나아가야 하는 것이다. 그럴 때 비로소 나의 사고와 언어의 패러다임이 바뀐다. 그러면 많은 것이 달라진다.

새로움은 단절이 아니다

철학 입장에서 실제로 되돌릴 수 없는 것은 아무것도 없다.
절대적인 전회란 없다. 오늘날 많은 철학자가 플라톤이나
라이프니츠에게서 발견할 수 있는 것을 하이데거나
비트겐슈타인에게서도 발견할 수 있다. 그렇게 발견한 것들은
비슷하지만 오히려 더 흥미롭고 자극적인 지점들이다.

알랭 바디우

창의성에 대한 가장 큰 오해는 기존과 무조건 달라야 한다는 생
각이다. 기존과 완전한 단절만이 창의적이라고 생각하는 것이다. 하
지만 창의성이란 그러한 방식으로 탄생하지 않는다. 단절보다는, 현
재에서 한 걸음 나아갔거나 내파한 곳에서 비롯된다. 아무리 천재라
도 기존의 것을 완전히 무시할 수는 없다.

자고로 철학이라면 새롭고 다른 것이어야 한다고 여기지만, 철학

인용문 출처:《투사를 위한 철학》

자들에게도 완전한 단절과 전환은 없었다. 일례로 하이데거와 비트겐슈타인의 독창적인 철학도 플라톤, 라이프니츠의 철학과 닮았다. 그들은 독창적이기 위해 역설적으로 기존의 사상을 두루 섭렵하고 공부했다. 사실 그래야 허탈한 일이 생기지 않을 수 있다. 일껏 '패러다임'이란 새로운 개념을 만들어 냈는데 이미 토머스 쿤이란 철학자가 몇십 년 전에 밝혀낸 것일 수 있지 않은가. 따라서 창의성을 기르려면 기존 것들의 허점과 특징을 발판 삼아 발전을 꾀하는 편이 더 효율적이다.

말도 그렇다. 고리타분하고 상투적인 말로는 감동을 줄 수 없다. 흔한 예로 "꽃이 만발하는 봄이 왔습니다"로 시작하는 인사말이나 "저는 1남 1녀 중 장녀로서"로 시작하는 자기소개는 별 매력이 없다. 그렇다고 해서 창의적으로 자기를 소개하기 위해 기존의 소개서들을 참고하지 않는 것은 현명한 방법이 아니다. 기존의 사례와 방법들에서 좋은 것은 취하고 발전시키며 나쁜 것은 반면교사로 삼는 게 지혜롭다.

새로움은 단절이 아니다. 하늘 아래 온전히 새로운 것은 없다. 기존의 것에서 시작하자. 멋지게 자기소개나 인사말을 하고 싶다면 그런 예를 찾아 배우자. 그리고 전적으로 새로워야 한다는 강박과, 반대로 이전 것을 그대로 답습하려는 안일함을 버리자.

접목도 아이디어다

서학과는 같은 것 같지만 다르다.
주문을 외우는 것은 같으나 서학 주문에는 결실이 없다.
그러나 시대의 운수를 타고난 것은 하나다.
도는 같지만, 이치는 다르다.

최제우

한반도에서 유사 이래 이토록 한 사상이 단숨에 나라 전체를 휩쓴 적은 없을 것이다. 조선 말기 동학 이야기다. 동학은 경주의 몰락한 양반가에서 태어난 최제우가 창시한 종교로 전국에 퍼져 역대 최대의 농민항쟁을 이끌었고, 동학을 계승한 천도교는 일제 강점기에만

최제우(崔濟愚, 1824-64년). 동학의 교조. 조선 말 몰락한 양반가에서 태어났다. 유교, 불교, 도교와 서학의 영향을 받아 동학을 창시했다. 포교 활동을 하다 세상을 어지럽힌다는 죄명으로 체포돼 처형됐다. 그에 대한 신원운동(伸冤運動)이 뒤에 민란과 결합돼 동학농민항쟁으로 전개되었다. 동학은 현재 천도교로 계승되었다. 인용문 출처: 《동경대전》

해도 한반도에서 가장 세력이 큰 종교였다.

이렇듯 단숨에 많은 이를 사로잡고 근대사에 큰 영향을 끼친 동학이지만, 사실 그 정도로 최제우의 사상이 독창적이지는 않았다. 최제우가 무에서 유를 창조해 낸 것은 아니다. 어쩌면 동학은 기존 사상을 종합하고 접목한 것에 불과할지 모른다. 유교, 불교, 도교 사상을 종합한 후 여기에 서학이라 불린 천주교의 장점을 접목한 것이니 말이다.

이처럼 최제우는 기존 사상들에서 취할 것만 취했다. 시대 요구에 부응하느냐를 취사 기준으로 삼았는데, 특히 평등을 주창한 부분을 택했다. 이 과정만으로도 동학은 당시 사람들에게 무척 새롭고 매력적인 사상으로 받아들여졌다.

최제우는 종합과 접목만으로도 충분히 새로운 것이 탄생할 수 있음을 보여 주었다. 말하기에서도 역사적인 좋은 사례를 찾아 참고하면 유용할 것이다. 잘 알려지지 않은 외국 사례나 인문학의 내용을 각종 말하기에 접목해 보는 것도 좋은 방법이다.

과거는 현재에 복무한다

역사는 우리 존재가
불연속적인 상태에 있다는 것을
깨닫게 할 때 의미가 있다.

미셸 푸코

몇 년 전부터 문·이과 필수 과목에 한국사가 들어가도록 정책이
바뀌었다. 임용고시 등 각종 시험에도 한국사가 기본 과목으로 들어
가 있다. 학교에서뿐만 아니라 성인들의 교양 공부에서도 역사의 중
요성이 크게 부각되고 있다. 그런데 배우는 사람들은 물론, 교재를
집필하고 시험을 고안하는 사람들조차 정작 왜 역사를 배워야 하는
지는 제대로 인식하지 못하는 것 같다.

인용문 출처: 〈니체, 계보학, 역사〉

당장 국가 공인 시험 문제를 보자. 비파형 동검과 빗살무늬 토기의 시대를 구분하는 것이 대체 오늘날 무슨 의미가 있는지 모르겠다. 또한 일제 강점기의 황국중앙총상회와 보안회의 활동 내용을 외우는 것이 보통 사람들에게 무슨 도움이 되는가. 전공자나 알면 될 일이지 교양으로 꼭 다뤄야 할 내용은 아닌 듯하다.

푸코는 말한다. 역사 공부의 목적은 과거를 이해하는 데 있지 않다고. 현재를 보는 관점을 바꾸어 현실을 바꾸기 위해서라고. 역사를 공부하면 지금 당연시하는 것들이 과거에는 그렇지 않았음을 알게 된다. 그럴 때 현재 체제의 연속성 즉 견고함에 금이 가고, 현재를 바꿀 가능성이 열린다. 또한 과거를 살핌으로써 앞날을 예측하고 나아갈 방향을 잡을 수 있다. 이것이 역사를 공부하는 근본적인 이유다.

그런데 이러한 목적은 차치하고 그저 세세한 것을 암기시키는 데만 치중하니, 후대인들은 그저 역사적 인물의 생몰년을 암기하고, 기념비를 세우고, 생가를 복원하고, 추모 사업을 확장하는 것이 자기 역할의 전부인 줄 착각하게 된다. 역사 교육이 주체적이고 지혜로운 시민을 양성하는 게 아니라, 단지 조문객을 만드는 것이다.

이런 역사 공부에서 창의성은 길러질 수 없다. 이제 너무 자세한 부분에 집중하기보다 그 시대의 상황과 맥락을 현재와 연결해 보아야 한다. 일례로 최제우와 동학을 공부할 때 단지 최제우의 사상과 동학의 형성 과정을 외울 게 아니라 동학이 당시 사람들에게 큰 매력을 끈 이유가 무엇인지, 최제우는 어떤 말하기로 사람들을 설득했는지, 그리고 이를 오늘날 어떻게 나의 분야에 활용할 수 있을지를 상상해야 한다.

'공백'에 주목할 것

한 사건의 근본적인 존재론적인 성격은,
그것을 사건이게 하는 그 공백을 기입시켜
명명하는 것이라고 말할 수 있다.

알랭 바디우

알랭 바디우의 말을 간추리면, '사건'이 되게 하려면 '공백'에 주목
해야 한다는 것이다. 공백은 어떤 분야에서 은폐되고 가려진 지점이
다. 사람들이 관심을 갖지 않는 부분으로 특히 주류가 숨기려는 것
이 있는 곳이다. 여기에 이름을 붙이고 의미를 부여해 드러낼 때 그
것은 사건이 된다. 사건은 기존과 다른 새로운 방식과 체계의 출현
이다. 즉 사건이란 창의적인 결과물인 셈이다. 예를 들어 거시성과

인용문 출처:《윤리학》

의미 담론은 근대 모더니즘의 특징이다. 이때의 공백이라 할 수 있는 미시성과 무의미성에 초점을 맞추고 이를 사상과 예술로 표현한 것이 현대 포스트모더니즘인 것처럼 말이다.

말할 때에도 공백에 주목해야 새롭다. 예컨대, 칭찬으로 상대방의 마음을 얻고자 한다면, 다른 사람들이 읽어 내지 못한 장점을 발견해 칭찬하는 것이다. 그럴 때 상대는 색다름을 느끼고 호감을 품게 된다. 비판할 때도 마찬가지다. 누구나 흔히 지적하는 것보다는, 공백의 부분 즉 애서 외면해 왔던 문제점을 드러내 일깨워 주는 것이 효과적이다.

말이란 표현과 치장도 중요하지만 무엇보다 그 안에 담긴 내용이 중요하다. 말 공부에서 창의성을 강조하는 것도 그래서다. 독창적인 내용이 담긴 말은 설령 표현이 투박해도 그 자체로 충분히 상대의 마음을 울릴 수 있다. 공백을 드러내는 말하기는, 형식은 미흡해도 파급력이 강할 수밖에 없다.

글을 쓰면서 변하고 나누면서 또 변한다

그대가 논한 사단칠정 이론을 전해 들었습니다. 전에 제가
말한 것이 온당하지 못함을 이미 근심했습니다만,
그대의 논박을 듣고 나서 더욱 잘못되었음을 깨달았습니다.
그래서 다음과 같이 고쳐 보았습니다.

이황

이황이 기대승에게 쓴 편지의 일부다. 기대승이 이황 이론의 문제
를 지적하고, 이황이 이에 답하면서 그 유명한 사단칠정 논쟁이 시
작됐다. 당시 이황은 중년의 대학자였고, 기대승은 아들뻘의 초학자
였다.

이황(李滉, 1501-70년), 조선 시대 성리학자. 이기이원론을 주창했다. 한참 후배인 기대승과
논쟁한 사건이 유명하며, 율곡 이이, 남명 조식 등과도 교류했다. 여러 차례 벼슬을 권유
받았으나 줄곧 사양하고 교육에만 전념했다. 인용문 출처:《논사단칠정서》

그럼에도 이황은 기대승의 지적을 무시하지 않고 정중히 응대했다. 심지어 감사까지 표하며 비판의 일부를 받아들여 자신의 이론을 수정했다. 이로 인해 이황의 이론은 더 탄탄해질 수 있었다.

창의적이고자 한다면 일단 자기 생각을 글로 써야 한다. 말할 때는 녹음하지 않는 이상 내가 무슨 말을 했는지 돌아보기 어렵다. 하지만 글로 생각을 정리하면 그걸 보고 반성하고 고민할 수 있다. 그리고 나의 생각과 표현 방식을 수정하면 그것 역시 하나의 창조적인 결과물이 된다.

글을 쓰면 쓰는 동안 절로 나의 생각이 정리된다. 어떤 사안에 대해 막연히 반대하는 입장이었는데 쓰다 보면 어느새 찬성으로 돌아서 있는 자신을 발견하게 되기도 하는 게 글쓰기의 '묘미'다. 단순히 나의 생각을 글로 표현하는 것이 아니라, 글이 다시 나의 생각이 되기도 한다.

더 나아가 그 글을 다른 이와 나눈다면 더 좋을 것이다. 타인의 비평을 통해 나의 생각과 표현 방식이 더 발전할 수 있어서다. 글을 쓰면서 나의 생각과 표현이 새로워지고, 그 글을 타인과 나누는 과정에서 다시 한번 나의 생각과 표현이 새로워진다.

5단계

경청

경청을 실현하는 법

경청은 본격적인 말 공부에 진입하는 문이다.
언어생활이란 크게 나누면 말하기와 듣기인데,
말하기만큼 중요한 게 듣기다.
상대의 마음을 여는 것은 말하기보다는
'성숙한 경청'이다.
우리는 말 잘하는 사람이 아닌
잘 들어 주는 사람에게
마음을 연다.

사실 경청을 해야 잘 말할 수 있다.
잘 들어야 상대를 이해할 수 있기 때문이다.
상대를 이해한 바탕 위에
비로소 나의 좋은 말을 세울 수 있다.
또한 듣기는 나를 지키는 최전선이다.
죄는 입으로 짓고, 상처는 귀로 얻는다.
말의 홍수 속에서 잘 들어야
나를 성장시키며 지킬 수 있다.
외부로부터 성장의 동력을 얻는 것도
나의 귀요, 타인의 날카로운 말을
무디게 하는 것도
결국은 나의 귀에 달렸다.

빼앗고 싶다면 먼저 줘라

그의 마음을 얻으려거든 우선 펼치게 하고,
그에게서 빼앗으려거든 우선 주도록 하라.
이것을 은밀한 지혜라 하니,
부드러움이 강함을 이기는 법이다.

노자

대화란 말하기와 듣기의 어울림이다. 보통 말하기를 잘해야 한다
고 생각하지만, 듣기를 잘하는 게 더 중요하다. 면접과 같은 특수 상
황을 제외하고 대화에서 꽃은 단연 듣기다. 주로 듣기를 자처하는
사람이 관계의 중심을 쥐는 법이다.

내가 되고자 하는 모습은 말을 잘하는 사람이겠지만, 곰곰 생각해
보면 내가 만나고픈 사람은 나의 말을 잘 들어 주는 사람이다. 누구

인용문 출처: 《노자》

나 듣는 것보다는 말하려는 욕구가 더 강하기 때문이다. 마케팅 측면에서도 소비자의 욕구를 잘 파악해야 성공할 수 있듯이, 대화할 때도 상대방의 말하기 욕구를 잘 파악해 들어 주는 사람이 매력을 끌기 마련이다.

노자가 이야기하는 것은 당위가 아니라 전략이다. 상대의 마음을 얻고자 한다면 먼저 펼치게 해야 한다. 상대가 충분히 속마음을 털어놓을 수 있게 관심을 기울이고 편안하고 따뜻하게 해 주어야 한다. 속마음을 내게 드러낸다는 것은, 곧 내가 그의 마음을 얻기 시작했다는 의미다.

빼앗으려거든 먼저 주어야 하는 게 이치다. 나의 귀를 주어야 상대의 말을 뺏고 마음도 얻는다. 내가 듣는 만큼 상대방은 말한다. 내가 듣기에 집중할 때 상대도 말하기에 집중하며, 내가 진심을 담아 들을 때 상대도 진심을 담아 말한다.

듣기가 말하기를 이기며, 화자가 아닌 청자가 마음을 얻는다. 말을 잘해 상대의 마음을 얻는 것은 강함의 기법이요, 잘 듣는 것으로 상대의 마음을 여는 것은 부드러움의 기법이다. 강함끼리 경쟁하는 세계에서 부드러움을 택하는 것이야말로 '틈새 공략'이다. 노자의 표현으로는 "은밀한 지혜"다.

마음을 두지 않으면 들리지 않는다

마음을 두지 않으면 보아도 보이지 않고,

들어도 들리지 않는다.

대학

경청을 쉽게 생각하나, 그렇지 않다. 경청에도 노력이 필요하다. 우선 말하고픈 자기 욕구를 이겨 내야 한다. 달변가였던 고 김대중 대통령은 관계의 비결로 경청을 뽑았다.

학창 시절 그에게는 나쁜 버릇이 있었는데, 남의 말을 오래 듣지

《대학(大學)》. 사서삼경의 사서 중 하나. BC 5세기에서 4세기 사이에 집필된 것으로 추정 되며, 작자 미상이다. 유학자 집단에서 썼을 가능성이 크다. 우리나라에서는 삼국 시대 때 수입된 이래 오늘날까지 꾸준히 읽히고 있다. '수신제가치국평천하' 문구의 출처이기도 하다. 인용문 출처:《대학》

못하는 것이었다. 아는 게 많고 말을 잘해 자주 상대의 말을 가로막고는 자기 말을 했다.

이를 고치기 위해 김대중은 침묵을 익혔다. 책상 앞에는 물론 집 화장실 벽과 손목시계 유리에도 '침묵'이라는 글자를 써 붙여 다녔다. 그러한 노력 끝에 비로소 경청을 얻을 수 있었다. 현실정치란 관계의 극한인데, 그런 정치계에서 대통령까지 오른 이의 관계 비결이 바로 '경청'이다.

그런데 침묵이 경청의 전부는 아니다. 경청하려면 상대방의 말을 듣는 차분함과 여유, 집중력도 필요하다. 그리고 알맞게 마음을 드러내 반응해야 하며, 상대의 의도와 속뜻을 읽는 해석의 기술과 안목 역시 필요하다. 이를 위해 꾸준히 훈련해야 한다.

마음을 둔다는 것. 이는 상대의 말에 온 정성을 기울임을 뜻한다. 그렇게 하지 않으면 들어도 들리지 않는다. 들으면서 그 다음 내가 할 말만 생각하고 있다면 그건 듣는 것이 아니라 듣는 '시늉'일 뿐이다. 이때 나는 겉말만 들을 뿐 속뜻은 읽을 수 없으며, 종종 그 겉말 조차 이해 못하기도 한다.

지혜로운 사람은 마음을 거울처럼 쓴다

지인은 마음을 거울처럼 쓴다.
가는 것은 가는 대로, 오는 것은 오는 대로 맡긴다.
응하되 감추지 않는다.

장자

상대의 마음을 얻고 싶다면 잘 들어야 한다. 상대가 고민을 털어
놓을 때 꼭 해답을 줘야 하는 것은 아니니 우선 잘 들어 주면 된다.
경청해 주는 것만으로도 어느 정도 응어리는 풀린다.

장자의 말을 보자. 지인이란 장자가 꿈꾼 자유인인데, 지인은 마

장자(莊子, BC 369-289년). 중국 전국시대 철학자. 노자와 함께 노장사상가 혹은 도가철학
가로 불린다. 유교적 규범과 국가주의를 풍자하고 개인의 자유를 노래했다. 《논어》와 《맹
자》는 대화록인데,《장자》는 우화 형식의 이야기를 주로 담았다. 인용문 출처: 《장자》

음 쓰기를 거울처럼 한다. 슬픔이 오면 남김없이 충분히 슬퍼하고, 기쁨 역시 남김없이 충분히 기뻐한다. 사물을 있는 그대로 비추되 사물이 떠나면 잔상 역시 떠나보내는 거울처럼, 마음 씀씀이도 그래야 한다는 것이다.

경청도 거울처럼 해야 한다. 경청은 단지 침묵을 유지하는 것이 아니다. 상대의 말에 적절한 추임새와 눈짓, 몸짓을 보내는 것을 포괄한다. 그래야 내가 진심으로 집중해서 듣고 있다고 느낄 것이다. 따라서 거울처럼 경청하기란, 상대를 그대로 비춰 주는 것을 말한다.

거울을 통해야 자신의 얼굴과 마주할 수 있듯이, 상대의 거울이 되어 그의 감정과 처한 상황을 보여 주는 게 경청이다. 이 방식은 첫째, 상대방이 자신도 미처 알아차리지 못한 감정을 일깨워 준다. 감정이 복잡한 상황일 때 특히 그렇다. 경청하면 상대방은 자기 얘기를 털어놓게 되고 그 과정에서 미처 감지 못했던 감정도 보게 된다.

둘째, 상대방이 처한 상황을 객관적으로 바라볼 수 있게 한다. 등잔 밑이 어두운 법이다. 누구나 자신에게 객관적이기는 어렵다. 그럴 때에 간단한 질문과 상황 요약을 통해 자신과 대면하게 이끌 수 있다. '거울처럼 듣는 법'을 상담심리학에서는 '거울 기법'이라 한다.

다만 주의할 점은 추임새가 조언이나 충고가 되면 안 된다. 먼지가 잔뜩 낀 거울은 제대로 사물을 비추지 못한다. 경청은 내려다보는 듣기가 아니라 나의 먼지를 먼저 닦아 내고 겸허히 듣는 태도다.

이해와 오해는 함께 있다

> 엄격한 이해란, 이해와 더불어 오해를
> 정확하게 받아들이고 말의 두 측면 중 전적으로
> 이해를 향해 나아가는 것을 말한다.
>
> 프리드리히 슐라이어마허

타인을 완벽하게 이해하는 것이 가능할까? 슐라이어마허는 불가
능하다고 본다. 타인을 온전히 이해하려면 나의 고유한 사고방식과
관점을 모두 버려야 하는데, 이는 말처럼 쉽지 않기 때문이다. 결국
타인에 대한 이해에는 필연적으로 일정 정도의 오해가 동반될 수밖

프리드리히 슐라이어마허(Friedrich Schleiermacher, 1768-1834년). 독일 신학자. 근대 신학의
아버지로 불린다. 베를린 대학 교수를 역임했다. 당대 지식인들의 종교 비판에 반박하는
한편, 종교를 신학으로 체계화하기 위해 노력했다. 해석학에 지대한 영향을 끼쳤다. 인용
문 출처:《해석학과 비평》

에 없다.

이 점이 두려워 타인을 이해하길 회피하고, 정해 놓은 선 이상으로 타인과 가까워지기를 꺼리는 사람들도 있다. 특히 친하고 믿었던 사람에게서 큰 상처를 입은 사람들이 그렇다.

그러나 관계란 어쩔 수 없이 이해와 오해의 종합이다. 관계에는 오해가 따를 수밖에 없다. 그렇다면 오해를 애써 외면하기보다 오해의 가능성을 과감하게 인정하는 편이 낫다. 그래야 우리는 진정 타인에게로 나아갈 수 있다.

역설적이게도 오해를 인정하는 데에서 경청은 출발한다. 상대를 오해하지 않기 위해 듣기만 하고 판단과 이해를 유보하는 것은 배려가 아닌 도피다. 거듭 말하지만 경청은 그저 듣기가 아니다. 귀와 마음의 기울임이다. 무심 또한 아니다.

물론 의도적인 곡해는 예외다. 슐라이어마허라고 오해를 그대로 긍정하는 것은 아니다. 다만 듣기를 시작하기도 전에 오해를 두려워하지 말라는 것이다. 이해에는 반드시 오해가 따르니, 이를 회피하거나 포장하지 말고 당당히 맞서라는 외침이다.

글의 행간을 파악하면 맥락은 자연히 열린다

글을 볼 때는 행간을 파악해야
비로소 도리를 철저하게 연구할 수 있다.
만약 행간을 파악하지 못하면 도리에
접근할 단서가 없게 된다.
행간을 파악하면 맥락은 자연히 열린다.

주희

위 인용문은 글 읽는 법에 관한 것이지만, 듣기에도 적용 가능하다. 들을 때도 행간을 잘 파악해야 한다. 말을 액면 그대로 받아들이지 말라는 뜻이다. 누구나 감추고 싶은, 선뜻 말하기 쉽지 않은 부분이 있다. 그러므로 상대방 말이 곧 본뜻은 아니다.

예를 들어 누가 사람들에게 "나는 친절한 사람이다"고 말한다면, 내가 냉정히 확인할 수 있는 사실은 '그는 친절한 사람이다'가 아닌,

인용문 출처: 《주자어류》

말 그대로 '그는 자신이 친절한 사람이란 것을 타인에게 알리고자 한다'이다. 그가 정말 친절한지는 이후의 문제다.

말의 진의는 말의 행간을 파악해야 알 수 있다. 그가 스스로를 친절하다고 말한 연유와 배경을 살펴보아야 한다. 더불어 그의 사람됨과 행동거지를 알아야 한다. 이렇듯 말의 행간을 본다는 것은 곧 말 너머의 맥락까지 아울러 본다는 뜻이며, 그래야 말의 도리, 즉 진의가 열린다. 이것이 주희가 말한 말 너머까지 듣는 경청법이다.

다만 지나침은 금물이다. 말의 맥락까지 헤아리는 것은 좋으나 그렇다고 해서 일단 의심부터 하는 태도는 좋지 않다. 지나치게 상대의 의중을 꿰뚫어 보려고 하면, 상대는 이를 감지하고 곧 입을 다물 것이다. 역시 답은 '알맞게'다. 상황에 알맞아야 하고, 정도도 알맞아야 한다.

비판은 스스로를 갈고닦게 한다

세상에서 나의 주장을 비판하는 이들의 논리 가운데 진실로
내가 취할 만한 좋은 것이 있다면 그것은 모두 나를
갈고닦는 데 큰 도움이 될 것이다. 그것은 나를 경계하고
두려워하게 하며 수양하고 성찰하게 하여 한층 더 덕을
발전시키는 기반이 된다. 옛말에 "나의 단점을
공격하는 사람이 바로 나의 스승이다"고 했는데,
스승이라면 또 어찌 그를 미워할 수 있겠는가?

왕수인

말 한마디가 주는 상처는 생각보다 깊다. 나를 향한 근거 없는 비
난은 근거가 없어서 아프고, 이유 있는 비판은 이유가 있어서 또 아

왕수인(王守仁, 1472-1528년). 중국 명나라 철학자. 주희 성리학을 비판하고, 내면 수양에
중점을 둔 양명학을 창시했다. 우리나라에선 박은식, 정인보 등이 계승한 강화학파에서
양명학을 존숭했다. 인용문 출처: 《전습록》

프다. 이런 상황에서 자유로울 수 있다면 좋겠지만, 타인과 관계를 맺는 이상 피하기는 불가능에 가깝다. 그렇다면 애써 피하기보다 비난과 비판을 최대한 덜 아프게 받아들이고, 나아가 내게 이로운 방향으로 이끄는 게 더 낫다.

왕수인이 주목한 것은 비난과 비판 중 후자다. 나를 향한 공격이야말로 오히려 나를 계발시킨다고 왕수인은 말한다. 물론 그 전제는 "진실로 내가 취할 만한 좋은 것"이다. 근거 없는 비난은 왕수인의 말에 포함되지 않는다. 칭찬도 나를 북돋우지만, 비판만큼 나를 깊이 아프게 하면서 성장시키는 것도 없다.

논리가 부족하다면 무시라도 하겠는데, 내가 생각하기에도 나의 허점을 제대로 짚은 비판이라면 흘려듣기 어렵다. 이때 내 안에서는 허점을 보완하겠다는 다짐 내지 허점을 알게 된 것에 대한 감사함과, 허점을 인정하고 싶지 않은 반감과 분노, 수치심이 일어 서로 싸울 수 있다.

이 중 어떤 감정을 택할지는 나의 선택이다. 왕수인은 전자를 택한다. 나를 비판한 사람은 나의 부족한 점을 알려 줘 나를 발전시키는 사람이다. 더 나아가 그를 스승으로 생각할 수 있다면 도리어 고마운 존재일 뿐, 굳이 미워할 대상은 되지 않는다.

험담에 내 생각을 얹을 필요는 없다

어떤 사람이 당신을 헐뜯는다는 말을 들었다고 하자.
이것은 전해 들은 말에 지나지 않는다. 말에 당신이
이 험담 때문에 해를 입는다는 말은 들어 있지 않다. 예컨대,
나는 아들이 앓아누운 것을 보지만 아들이 위독한지
아닌지는 알지 못한다. 이와 같이 최초의 인상만을
받아들이고 마음속에 다른 의견은 첨가하지 마라.
그러면 당신에게는 아무 일도 일어나지 않는다.

마르쿠스 아우렐리우스

누군가 나를 험담하고 다닌다는 말을 전해 들었을 때 마치 예정
된 순서마냥 마음 깊은 곳에서 분노가 인다. 그러나 그 말은 단지

마르쿠스 아우렐리우스(Marcus Aurelius, 121-180년), 로마제국의 16대 황제이자 스토아학파
철학자. 많은 시간을 전장에서 보냈지만 틈나는 대로 독서와 사색도 즐겼다. 순리에 따르
는 삶과 이성적인 사고를 중시했는데 이러한 생각이 저서 《명상록》에 담겼다. 인용문 출
처: 《명상록》

누군가 나를 험담한다는 가치중립적인 사실만 담고 있을 뿐이다. 거기에는 내가 분노해야 한다거나 험담 탓에 손해를 입게 된다는 내용은 들어 있지 않다.

마치 아들이 앓아누운 것을 보았을 때 아들이 아프다는 사실만 알 뿐, 위독하다고까지 장담할 수 없는 것과 같다. 이처럼 아우렐리우스는 자신에 대한 부정적인 말을 들었을 때 말의 최초 인상만 받아들이고 다른 의견은 첨가하지 말라고 조언한다.

누가 나를 말로 공격할 때 그 말이 일리 있다면, 받아들이면 그만이다. 나를 위하는 척하지만 실은 기분 상하게 하려는 의도라는 게 훤히 보여도 그것에 휘말릴 필요는 없다. 옳은 말이라면 받아들이고, 나쁜 의도는 무시하면 된다.

근거 없는 중상모략이라면 그대로 흘려듣는 게 좋다. 그 말에 나에 대한 욕설이나 비난이 담겨 있겠지만, 그 때문에 꼭 내가 기분 상해야 한다는 법은 없다. 그의 말은 그의 말대로 둬라. 그것이 바로 타인의 공격으로부터 나를 지키는 자세다.

6단계

질문

잘 묻고 대답하려면

흔히 우리 사회를 '질문 없는 사회'라고 한다.
하지만 더 정확히 말하면, 질문이 없다기보다는
질문이 한쪽으로 치우쳐 있는 사회다.
직장에서는 선배가, 학교에서는 교사가,
일상에서는 어른이 질문을 독점한다.
윗사람은 묻고 아랫사람은 답하는 구조다.
게다가 윗사람의 질문이란 것도
실상 질문이라기보다는 의문문을 띤 명령에 가깝다.

우리의 지향점은 질문다운 질문이 풍요로운 사회다.

질문이 많으면 무엇이 달라질까?

적어도 질문 있는 사회가 된다.

질문 있는 사회는 흐르는 물처럼 생동한다.

질문이란 곧 변화의 씨앗이고

소통을 현존시키기 때문이다.

공부하지 않으면 물을 것이 없다

자네들은 요즘 질문이 적은데, 이유가 무엇인가?
사람이 공부하지 않으면 스스로 이미 학문하는 법을
알고 있다고 여기기 쉽네. 그렇게 되면 자신도 모르게
그저 자신이 아는 것만을 따라 행하면 된다고 생각하게 되네.

왕수인

왕수인이 제자들을 질타한 이유는 질문을 하지 않아서다. 질문은 지금이 불만족스러운 데서 오는 목마름이다. 따라서 물음이 없다는 것은 지금의 자리에 만족한다는 증표다. 그럴 때 사람은 자신이 아는 것이 전부며 그것이 다 옳다고 여긴다. 그러고는 그저 그 범위 안에서만 사고하고 행동하려 한다.

그러나 문제를 삼아야 문제가 되고, 문제가 되어야 바뀌고 발전한

인용문 출처:《전습록》

다. 끊임없이 의문을 갖고 물어야 한다. 나의 지식에 대해, 내가 처한 상황에 대해, 내가 마주하는 모든 것에 대해서. 그렇지 않으면 오늘도 내일도 그대로다. 묻지 않으면서 바뀌길 희망하는 것은 어리석다.

문제의식은 변화의 첫머리다. 당연시하는 것에 슬쩍 질문을 던진 덕분에 세상은 지금껏 발전해 왔다. 서양 학문의 시조를 탈레스로 보는데, 실상 그가 남긴 업적은 "만물의 근원은 물이다"는 비과학적인 말이 거의 전부다. 그럼에도 철학사에서 그런 지위를 갖게 된 것은 그가 최초로 질문을 던진 이였기 때문이다. 비록 답은 미흡했지만 그 질문 덕분에 질문이 이어져 철학이 탄생하고, 과학도 탄생했다.

모든 학문은 둘 중 하나만 잘해도 의의를 갖는다. 좋은 질문을 던지거나 좋은 답을 찾는 것이다. 문제를 제기했으면 답 역시 도출해 내야 한다고 생각하지만, 꼭 그렇지는 않다. 좋은 문제 제기만으로도 충분히 가치가 있다. 일단 문제를 던져야 차후에 해답을 찾는 것도 가능해지기 때문이다. 흔히 질문 많은 사람을 반대만 하는 사람이라 치부하고, 그에게 해답까지 요구하는 일이 잦은데 그 탓에 우리 사회엔 질문이 적다. 이러한 인식부터 바꾸어야 한다.

원래 그런 것은 없다

규범성을 띠지 못한 전래적 사실은
한갓 고전적 존재는 될지언정 전통적 존재는 되지 못한다.
전통은 일종의 역사적 노력이며 문화적 권위로서
현재에 활동하고 있는 것이다.

최익한

최익한은 일제 강점기에 활동한 선비이자 독립투사다. 독립운동처럼 위험에 맞서는 사회적 행동은 군건한 용기를 필요로 하는데, 그 용기를 부여하는 것이 이론이고 신념이다. 그래서 당시의 독립투사들은 천도교와 대종교, 기독교와 불교 등 종교에 의지하거나 사회

최익한(崔益翰, 1897-?), 한국 근대의 사상가이자 항일운동가. 전통 유학에 마르크스주의를 접목했다. 일찍이 항일운동에 가담해 옥고를 치렀다. 해방 후 여운형과 좌우합작을 도모했으나 실패하자 월북했다. 인용문 출처: 1939년 〈동아일보〉에 실린 기고문 〈전통 탐구의 현대적 의의〉

주의와 민족주의, 민주주의 등 이념에 기반했다.

그중 최익한은 유교라는 전통 이념에 근거해 대동 사회를 꿈꿨다. 그렇다고 해서 이전의 것을 맹목적으로 따르는 사람은 아니었다. "고전적 존재"와 "전통적 존재"를 구분한다.

그에 따르면, 전통은 고전이지만 고전이 곧 전통은 아니다. 고전은 그저 오래된 것이지만, 전통은 오래되면서도 현대에도 규범성을 갖는 것이다. 아무리 유구한 것일지라도 그것이 오늘날 의미를 갖지 못한다면, 마땅히 버려야 한다. 의미 없는 고전은 죽은 고전이요, 죽은 것은 박물관에 보관하는 것으로 족하다.

따라서 "원래 그랬어" "그런 전례가 없어"같이 역사를 곧장 규범으로 도치하는 모든 시도는 폐기되어야 한다. 오래된 것은 지켜져야 하는 것이 아니라, 그렇기에 의심하고 바꾸어야 하는 것이다. 모든 것에 질문을 던지자. 그간 당연시해 온 것을 물어야 변화가 있고 발전도 있다.

질문이 시선을 바꾼다

나의 계속되는 관심은 타자를 그의 객체성 속에 담아 두는
일이다. 그리고 객체-타자와 나의 관계들은 본질적으로
타자를 객체로 머물러 있게 하려는 계략들로 이루어져 있다.
그러나 이러한 모든 계략이 무너져 버리고 내가 다시
타자가 되는 데에는 타자의 시선이 하나 있으면 충분하다.

장 폴 사르트르

사르트르는 사람 사이를 기본적으로 갈등 관계로 규정한다. 화합
과 협동이 불가능한 것은 아니나, 아무래도 갈등하기 쉽다는 것이
다. 나의 자유와 권리를 제약하는 것이 타인이기 때문이다. 타인이
없다면 내가 하고픈 대로 할 텐데 타인이 그걸 가로막는다.

장 폴 사르트르(Jean Paul Sartre, 1905-80년). 프랑스 철학자이자 소설가. 실존주의 철학을
정립했다. 노벨문학상 수상자로 선정됐으나, 노벨문학상의 편향성을 비판하며 수상을 거
부했다. 박정희 정권 때 사형을 선고받은 시인 김지하의 구명에 도움을 주기도 했다. 인용
문 출처:《존재와 무》

사람 간 갈등의 최전선이 바로 '시선'이다. 내가 타인을 바라볼 때, 나는 주체요 타인은 객체다. 반대로 타인이 나를 쳐다볼 때는 내가 객체가 된다. 서로 마주할 경우엔 이처럼 주체와 객체가 역전되는 동등한 대립 상황에 처한다. 그래서 권력을 쥔 자들은 시선을 차지하고 싶어 한다. 누군가 나를 감시하고 있다고 하자. 나는 그를 볼 수 없지만, 그는 나를 관찰한다. 그때 권력은 그에게 있다. 우리말의 "눈치 보다"란 표현만 해도 이런 상황에서 쓰인다. 약자가 강자의 눈치를 더 보는 법이다.

질문도 시선과 비슷하다. 바라보는 사람이 권력을 잡는 것처럼 질문하는 사람이 권력을 갖는다. 질문을 받으면 그 사람은 어떻게든 응답해야 한다. 그런데 질문을 외면하는 것도 응답의 한 형태라 이런 이점을 간파한 권력자들은 시선과 질문까지 독점하려고 한다.

직장의 자리 배치를 보면 보통 관리자는 평직원을 관찰할 수 있게 되어 있지만, 평직원은 관리자를 관찰하기 어렵다. 평교사는 교장실 출입에 허락을 받아야 하지만, 교장은 언제든지 교무실에 들러 교사들을 관찰할 수 있다. 질문도 그렇다. 주로 윗사람이 질문을 던지고 아랫사람이 답한다. 면접 볼 때를 떠올리면 이해하기 쉬울 것이다.

그런데 바로 그렇기 때문에 권력을 역전시키는 것도 가능하다. 윗사람이라고 해서 언제나 바라보고 질문하기만 할 수는 없다. 교수도 강의실에 설 때만큼은 학생들의 눈치를 보지 않을 수 없다. 질문을 받는 순간엔 윗사람도 긴장한다. 시선과 질문의 위치가 뒤바뀜으로써 잠시나마 권력이 이동한다. 그러므로 약자들은 끊임없이 질문해야 하고 그를 통해 권력을 감시하고 세상을 바꿔 내야 한다.

날 선 것도 무디게 할 정도로 부드러워야 한다

날 선 것은 무디게 하고 얽힌 것은 풀라.
눈부신 것은 흐릿하게 하여 먼지와 하나 돼라.

노자

질문은 권력 유지의 수단이자 동시에 권력을 역전시키는 도구다.
그렇다면 나의 위치와 상황에 따라 질문 태도와 내용도 달라져야
한다. 내가 윗사람이라면 아랫사람에게 하는 질문은 그 자체로 중압
이 된다. 아랫사람은 그 질문에 긴장하고 두려워할 수밖에 없다. 그
럴 때 질문은 소통의 수단이 아니라 명령이며 시험이 된다. 질문이
변화와 발전을 일으키기는커녕 권력관계만 재확인시켜 줄 뿐이다.

따라서 윗사람의 질문 태도와 내용은 부드러워야 한다. 노자의 말

인용문 출처:《노자》

처럼 날 선 것을 무디게 할 정도로 말이다. 그래야 질문을 받은 사람이 부담을 느끼지 않고 자기 의견을 자유롭게 밝힐 수 있다.

윗사람과 아랫사람의 관계에서만 그런 게 아니다. 친구와 연인 등 수평적인 관계에서도 마찬가지다. 질문이 매상 뾰족한 사람들이 있다. "왜?" "이유가 뭔데?" "그래서?"같이 다그치고 불친절한, 취조하는 듯한 질문들이 그 예다. 그보다는 "내 생각에는 이래서 그랬을 것 같은데 맞니?", "어떻게 생각해?"처럼 상대방 입장을 헤아리며 친절하게 묻는 것이 말문을 열게 하고, 생산적인 대화도 가능하게 한다.

적당한 거리는 어디에서든 필요하다

작가는 충격을 주려고 해서는 안 된다.
그런 짓을 하면 자기모순에 빠지고 만다.
설령 강하게 말해야 할 경우에도 독자가
수행해야 할 과업을 제시하는 수준에서 그쳐야 한다.
이 때문에 '순수한 제시'라는 성질이 예술 작품에서
본질적인 것으로 생각되는 것이다.

장 폴 사르트르

질문에 가능한 한 의도를 담지 않는 것도 잘 질문하는 방법이다.
의도가 너무 드러나지 않게 질문하는 게 좋다는 뜻이다. 요즘 유행
하는 '답정녀('답은 정해져 있으니 너는 대답만 하면 돼'의 줄임말)' 유형의
질문이 의도를 노골적으로 드러낸 대표적인 예다. 목적이 분명한 질

인용문 출처:《문학이란 무엇인가》

문을 하면 이것 역시 취조가 되기 십상이다. 사실 취조할 때도 마냥 윽박질러서 답을 끌어내지는 않을 것이다. 은근히 묻는 것도 취조의 한 기술이다.

특별한 경우를 제외하고 질문할 때는 되도록 부드러우면서도 의도가 지나치게 드러나지 않게 하는 게 좋다. 친해지고 싶을 때도 지나치게 호감과 관심을 보이는 질문은 삼가야 한다. 그 역시 상대방에게 부담을 주기 때문이다. 지나치게 의도를 드러내지도 그렇다고 해서 너무 에둘러 말하지도 않는, 적절한 중간점을 찾는 일은 쉽지 않다. 그러자면 역시 공부와 훈련이 필요하다.

사르트르도 비슷한 고민을 했나 보다. 사르트르는 작가의 바람직한 자세를 탐구했는데, 일단 독자에게 충격을 주려 해서는 안 된다고 조언한다. 목적이 뚜렷해 마치 명령하는 듯한 글은 독자에게 부담을 줘 외면당한다. 목적을 이루려고 썼는데 정작 독자가 외면한다면 그 목적은 헛되다.

그렇다고 해서 아무 목적 없이 써 내려간 글은 공허하다. 한낱 언어유희가 될 뿐이다. 사르트르는 작가의 가장 바람직한 자세로 '순수한 제시'를 제안한다. 작가는 무언가를 제시하되 독자와 적당히 거리를 둠으로써 그 목적을 달성할 수 있다는 것이다. 목적과 무의미의 중간이다. 적절한 그 지점을 찾는 것이 무릇 작가들만의 고민은 아닐 것이다. 우리도 살아가면서 '순수한 제시'처럼 질문할 수 있다면 좋을 것이다.

당신을 신뢰할 때 질문이 시작된다

이 사람을 신뢰해도 된다고 느낄 때,
이 사람은 나한테서 어떤 비즈니스를 하려는 것이 아니라
내 삶에 참여하려 한다는 것을, 그리고 이 사람은
나한테 영향을 미치려고 하기보다
나를 확인시켜 주려 한다는 것을 느낄 때,
학생은 질문하기 시작한다.

마르틴 부버

내가 질문하는 것만큼이나 상대의 질문을 이끌어 내는 것도 중요하다. 내가 아무리 질문을 잘해도 상대가 단답형으로 말한다면 그자리는 그저 권력관계를 형성하거나 확인하는 것에 불과하다. 질문은 자유롭게 오가야 하는데 그건 신뢰감이 있을 때 가능하다.

인용문 출처: 《교육 강연집》

신뢰를 얻으려면 먼저 내가 상대를 비즈니스 대상으로 생각지 않고 상대의 삶에 참여해 함께하고자 한다는 인식을 심어 주어야 한다. 그것은 내 방식을 강요하고 영향을 끼치려는 게 아니라 상대방 삶의 방식을 존중할 때 가능하다.

질문을 통해 이득을 꾀하려는 게 눈에 훤히 보이는 사람, 질문하면 곧바로 충고와 조언이 쏟아지는 사람, 자기 말만 내뱉는 사람에게 질문하고 싶은 마음이 들 리 없다. 심지어 어떤 상사는 질문 받기를 바라면서 막상 질문하면 그 질문조차 이렇다 저렇다 하고 평가한다. 그러면 아랫사람은 애써 질문해 지적받느니 차라리 침묵하는 편을 택할 것이다.

질문을 잘하고, 질문을 잘 받아 주는 사람이 되어야 한다. 질문이 오가면 공동체와 개인의 삶이 풍요로워진다. 모르는 것을 서로 물으니 지식이 발전하고, 묻고 도와줌으로써 관계가 돈독해진다. 권력관계가 느슨해지니 더 수평적이고 생산적인 대화와 논의도 가능해진다. 이처럼 질문은 여러모로 힘이 세다.

《질문의 7가지 힘》에선 7가지 기능을 이렇게 정리한다.

질문을 하면 답이 나온다. 질문은 생각을 자극한다. 질문을 하면 정보를 얻는다. 질문을 하면 통제가 된다. 질문은 마음을 열게 한다. 질문은 귀를 기울이게 한다. 질문에 답하면 스스로 설득이 된다.

이는 질문을 하는 사람만 갖는 힘이 아니다. 질문을 받는 사람과, 질문이 오가는 공동체도 같은 효과를 얻을 수 있다. 질문을 받아야 답이 떠오르고, 질문을 받을 때 생각도 하게 된다. 질문이 오가야 공동체에 답이 생기고, 그래야 구성원들도 생각하기 시작한다.

쇼펜하우어가 말한 이기는 대화법

결론을 이끌어 내고 싶다면 질문들을
질서 정연하게 하지 말고 마구잡이로 던져라.
그러면 상대방은 도대체 내가 무엇을 원하는지
알 수 없을 것이며, 나의 질문에도 대비하지 못할 것이다.
나는 그 대답을 이용해 다양한 결론을 이끌어 낼 수 있고,
심지어 정반대의 결론도 이끌어 낼 수 있다.

쇼펜하우어

쇼펜하우어는 비열한 수단을 써서라도 어떻게든 말다툼에서 이기
는 법을 소개한다. 쇼펜하우어에게 논리학은 합당하고 올바른 진리

쇼펜하우어(Schopenhauer, 1788-1860년). 독일 철학자. 염세적이고, 불교 등 인도 철학도 수
용했다. 괴짜여서 여러 일화를 남겼다. 니체에게 큰 영향을 끼쳤다. 기존 서양 철학의 핵심
개념인 '이성' 대신에 '의지'로 세계를 해석한 《의지와 표상으로서의 세계》가 대표작이다.
인용문 출처: 《쇼펜하우어 논쟁술》

를 찾기 위한 길인 반면, 논쟁술은 선악 시비와는 무관한 것이었고 오직 토론에서 이기기 위한 수단이다. 쇼펜하우어는 38가지 논쟁술을 제시하는데 그중 하나가 앞 쪽의 인용문이다.

쇼펜하우어는 상대를 꼭 이겨야 하는 상황이라면, 상대가 이해할 수 있도록 질서 정연하게 질문할 것이 아니라 되는대로 마구 질문을 던지라고 조언한다. 상대에게 생각할 틈을 주지 말고 답하는 즉시 새 질문을 던지라는 것이다. 그러면 상대방은 적어도 하나쯤은 어긋난 답을 하게 되고, 그때 그걸 물고 늘어짐으로써 상대를 궁지로 몰 수 있다는 전략이다.

인용문 외에도 쇼펜하우어가 제시한 논쟁술은 하나같이 악랄하다. 상대가 발끈하는 지점이 약점이니 거기를 공격하라. 증명되지 않은 전제를 은근히 끼워 넣어라. 상대의 주장을 확대 해석하라. 화를 내도록 유도하라. 하나를 인정하거든 전체를 인정한 것으로 단정하라. 내가 승리한 듯이 분위기를 몰고 가라. 정 안 되면 인신공격을 단행하라….

이런 내용이 담긴 책이 《쇼펜하우어 논쟁술》이다. 쇼펜하우어가 이 책을 쓴 이유는 크게 세 가지로 보인다. 첫째, 어떻게든 이겨야 하는 상황에서 이길 수 있는 방법을 제시하기 위해서다. 둘째, 실제 논쟁에서 사용할 법한 비열한 수단을 모두 열거, 분석함으로써 오히려 이에 맞설 수 있는 토대를 마련하기 위함이다. 비열함을 이기기 위해 비열함을 공부하는 것이다. 셋째, 사람이 얼마나 비열하고 추악해질 수 있는지를 보여 주기 위해서다. 소통과 발전을 위해서라고 하지만 논쟁에 임하는 당사자의 실제 목적은 이기는 것뿐이다. 그렇다면 애써 그걸 숨긴 채 점잖은 척하지 말라는 것이다. 쇼펜하우어는 이 점을 꼬집는다.

그렇다면 우리는 쇼펜하우어의 논쟁술을 어떻게 활용해야 할까? 이를 그대로 따를 수도 있고, 반대로 그런 논쟁술을 격파하기 위한 공부 자료로 삼을 수도 있다. 사람의 추악한 면을 깨닫는 기회로도 여길 수 있다. 이 중 어떤 것을 선택할지는 독자의 몫이다. 다만 기억할 것은, 독사가 물을 마시면 독이 되지만 젖소가 물을 마시면 우유가 된다는 사실이다.

7단계

화법

말하기 기술

여기에서는 말을 좀 더 잘하기 위한
구체적인 방법을 살펴보려 한다.
나뭇가지의 근원이 뿌리이듯이 말을 잘하기 위한
기본 법칙에서 다양한 화술이 뻗어 나온다.

기반을 단단히 다지지 않은 채
화려한 화술만을 익히면 머지않아
바닥이 드러나기 마련이다.

정공법으로 싸우고, 변칙으로 이긴다

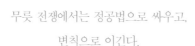

무릇 전쟁에서는 정공법으로 싸우고,

변칙으로 이긴다.

손자

위 인용문은 동아시아 최고의 병법서 《손자병법》에 쓰인 병법 중 하나다. 나가서 싸우기보다는 성을 지키기, 세가 불리할 때는 전면전 피하기, 물자를 원활히 조달하기 등 전쟁할 때 지켜야 할 기본 원칙이 있다. 이런 정공법을 무시하면 승패를 떠나 애초에 전쟁에 임하

손자(孫子, BC 545~470년). 중국 춘추시대의 병법가. 동아시아 최고의 병법서 《손자병법》을 지었다. 이론은 물론 실전에서도 능해, 오나라의 군사책임자로서 여러 전쟁을 승리로 이끌었다. 《손자병법》은 병법서임에도 정치, 인생에 도움이 될 만한 격언까지 두루 담고 있다. 인용문 출처: 《손자병법》

지도 못한다.

말 잘하기에도 정공법이 있다. 생각한 후 말하기, 과하게 말하지 않기, 배려하면서 말하기 등이 그것이다. 그러나 대부분 사람이 이를 지키지 않는 것 또한 현실이다. 원칙을 어기는 세상에서는 원칙만 잘 지켜도 기본 이상은 간다. 원칙에 따라 나의 언어생활을 돌아봐야 한다.

변칙에 맞설 때도 정공법이 유용하다. 상대방이 원칙에 어긋나고 예상치 못한 말로 다가올 때 휩쓸리지 말고 원칙으로 대응하는 게 옳다. 괜한 말들로 자극하려 들 때도 마찬가지다. 담담하게 응수하는 것이다.

전쟁은 생사와 승패가 분명해서 정공법과 더불어 변칙과 묘수를 자유로이 활용해야 하지만, 대화란 대체로 승패가 갈리는 것이 아니니, 굳이 과하게 변칙과 기지를 갈망하지 않아도 괜찮다.

물론 대화에서도 정공법이 전부는 아니다. 손자도 "변칙으로 이긴다"고 했다. 그런데 변칙을 자유자재로 활용하는 것은 한순간에 되는 일이 아니다. 우선은 원칙을 지키는 데 집중해야 이후에 임기응변도 차츰 늘 수 있다. 여유가 있어야 변칙도 떠오르는 법이다. 우선 원칙을 지켜 여유를 확보하자.

중용적 말하기를 지향할 것

희로애락이 일어나기 전을 '중'이라 일컫고,
그것들이 일어나 제자리에 들어맞는 것을 '화'라 한다.

자사

유교는 중용을 지향한다. '중'과 '화'를 합쳐 중화라 하는데, 중용
과 동의어로 봐도 무방하다. 중용은 감정을 '제자리에 들어맞게' 발
현하는 것이다. 화를 낼 만한 때에 화를 내고, 슬퍼할 만한 상황에
슬퍼하는 것을 일컬어 '제자리에 들어맞는다'고 한다. 감정을 그저

자사(子思, BC 492~431년). 중국 춘추시대 철학자. 공자의 손자로, 공자 철학을 계승하고
발전시켰다. 《중용》을 썼다. 노나라 목공의 스승으로 일정 부분 정치에도 참여했으며, 맹
자도 자사의 제자 계통 인물로 추정된다. 인용문 출처: 《중용》

누르고 참는 것은 하수요, 때와 상황에 맞게 감정을 적절하게 표현하는 것이 고수의 중용이다.

〈1단계 수양〉에서 살펴본 것처럼 감정을 알맞게 경영하는 게 우선인데, 그것은 결코 감정을 억누르라는 말이 아니다. 감정을 경영한다는 것은 안팎으로 감정을 풀어 주는 것이다. 안의 감정을 풀어 주는 게 명상과 알아차림이라면, 그런 감정을 밖으로 표현하는 것이 중용이다. 이를 말에 적용하면 '중용적 말하기'다. 중용적 말하기란, 내뱉기 혹은 인내로 일관하는 말 습관을 버리고, 때와 상황에 맞는 적절한 언어로 자기 감정을 표현하는 것이다.

화날 상황이 아닌데도 화가 난다면 나의 문제이지만 정말 화날 상황이 반복될 때는 마냥 화를 누를 순 없다. 그때는 화났다는 사실을 넌지시 상대에게 알려 줘야 한다. 그것이 나의 정신 건강과 관계 지속을 위해서도 이롭다.

물론 화를 과하게 내거나 지나치게 눌러도 안 된다. 느낀 만큼만 드러내 상식적으로 충분히 화가 날 수 있는 상황임을 상대에게 일러 주는 것이 지혜롭다.

화가 났을 때뿐이 아니다. 양 손바닥을 맞부딪쳐야 소리가 나듯이 대화란 오고감이 있어야 한다. 슬픈 이야기에는 슬픈 반응을 보이고, 기쁜 이야기에는 알맞게 기쁜 감정을 드러내는 것이 관계와 대화의 기본자세다. 무슨 말을 해도 별 반응이 없는 목석같은 사람과 대화하고 싶은 사람은 세상에 없을 것이다.

오늘 깨우치지 못하면 내일 다시 가르쳐라

잘못을 있는 그대로 말해 주기 곤란하다면
다른 일에 비유해 넌지시 알려 줘라.
오늘 깨우치지 못하면 내일 다시 가르쳐 줘라.
마치 봄바람이 언 땅을 녹이고
봄기운이 얼음을 녹이듯이 차근히 하라.

홍자성

특수한 경우를 제외하고 말씨는 언제나 부드러운 게 좋다. 특수한 경우란 예컨대 공적인 영역에 있을 때다. 기자가 질문할 때, 정치인이 토론할 때, 시민들이 집회할 때 꼭 유할 필요는 없다. 강하고 분명하게 의사를 전달하는 것이 때로는 효과적이다.

홍자성(洪自誠, ?~?). 명나라 시대 사상가. 그에 대한 자세한 기록은 전하지 않으나, 벼슬길에 나아가지 않고 수양과 공부에만 전념한 것으로 알려진다. 《채근담》을 썼다. 이 책은 유교, 불교, 도교의 정수를 융합한 잠언집이다. 인용문 출처: 《채근담》

일상에서는 부드러운 말씨가 최선이다. 말하려는 내용은 명확하게 하되 이를 담는 표현과 말투는 유연해야 한다. 말투가 너무 날카롭거나 건조하면 듣기 좋을 리 없다. 조언이나 충고를 할 때 그러면 더 최악이다. 당사자는 상대방을 위해 쓴소리를 했다고 자부하지만, 상대방은 끔찍하게 받아들였을 수 있다. 쓴소리는 상대방이 원할 때 해야 한다. 안 그러면 반감만 일으킨다.

상대방이 먼저 요청하지 않는 한 충고는 되도록 하지 않는 게 낫다. 충고 목적이 상대를 기분 나쁘게 하는 데 있다면 어쩔 수 없지만 그게 아니라면 자제해야 한다. 대부분 사람은 자신의 문제점을 이미 알고 있다. 그러므로 굳이 내가 억지로 재확인시켜 줄 필요는 없다.

조언을 요청받아 하게 될 때도 그의 마음이 다치지 않게 부드럽게 해야 한다. 삼월 봄바람이 겨우내 쌓인 눈을 녹이듯이 부드럽고 찬찬히 말이다.

모르면서 안다는 것만큼 큰 무지는 없다

알지 못하면서 알고 있는 듯이 생각하는 것이야말로
가장 비난받아 마땅한 무지가 아닐까.

소크라테스

대화에서 생기는 문제는 대체로 무지에서 비롯된다. 타인에 대한 무지, 관계에 대한 무지, 감정에 대한 무지, 때와 상황에 대한 무지, 말에 대한 무지, 대화 주제에 대한 무지 등. 여기에 모르면서 잘 알고 있다는 착각까지 얹히면 더 심각해진다.

소크라테스(Socrates, BC 469-399년). 고대 그리스 아테네의 철학자. 산파술이란 특유의 문답법을 통해 당대 지식인들의 무지를 드러냈다. 절대적 진리와 윤리에 입각한 사상을 폈다. 제자 플라톤 등이 그의 문답을 《대화편》으로 엮었다. 흔히 "악법도 법이다"는 말을 남긴 것으로 알려졌으나, 사실이 아니다. 인용문 출처: 《소크라테스의 변론》

아예 모르는 사람은 그다지 문제가 되지 않는다. 그 사실을 알아 섣불리 나서지 않기 때문이다. 그러한 사람은 겸손할 수밖에 없다. 문제는 어설프게 알면서 다 꿰뚫어 보고 있다고 자만하는 사람이다. 그런 이들이 문제를 일으키고 타인에게 상처를 준다.

그렇다면 말의 선행 조건은 온전한 앎을 갖추는 것인가? 아니다. 온전히 알 수 있는 사람은 세상에 없다. 전부 알아야 말할 수 있다면 모든 사람이 묵언해야 할 것이다. 진정 필요한 것은 온전히 알지 못한다는 것을 인정하고 받아들이는 겸손함과 온전한 앎에 다가가려 꾸준히 노력하는 자세다.

애써 겸손해야 하는 게 아니라 겸손할 수밖에 없기에 겸손해지는 것이다. 자신의 무지를 알면 자연 말씨도 겸손해진다. 명령보다는 청유가, 비판보다는 조언이, 연설보다는 경청이 더 겸손한 언어다.

자신의 무지를 깨달으려면 논리적으로 말하는 연습이 중요하다. 무지한 말은 대체로 논리가 없기 때문이다. 논리적인 말 습관을 익히면, 말을 하다 문득 막히는 순간과 마주하게 된다. 그때 '내가 지금 잘 모르면서 너무 자신 있게 말하고 있구나'며 반성하게 되는 것이다.

소크라테스 특유의 산파술도 겸손과 논리가 핵심이다. 소크라테스는 자신의 무지를 안다고 고백한 겸손한 철학자며, 논리적인 말로 사람들의 무지를 일깨웠다.

동의와 이해는 다르다

그것은 맞다. 그리고 틀리다.

원효

인용된 원효의 말을 해석하려면 우선 역설을 이해해야 한다. 역설은 동아시아 불교의 특징인데, '맞고도 틀리다'는 말 역시 역설이다. 이것 말고도 '같고도 다르다', '그렇지만 그렇지 않다' 등도 있다. 그런데 이런 역설들을 문자 그대로 해석해선 곤란하다. 역설은 시적

원효(元曉. 617-686년). 신라 시대 승려. 사상의 핵심은 '일심(一心)'과 '화쟁(和諍)'이다. 그가 쓴 책들은 신라는 물론 그 시대 중국에서도 널리 읽혔으며《대승기신론소》등 일부 책이 지금까지 남아 있다. 한국 불교의 거목이자 철학 분야에서도 내로라할 사상가로 꼽힌다. 인용문 출처:《대승기신론소》

표현이고, 사실 생략이다.

인용문은 이렇게 늘여 놓을 수 있다. "그것은 (이 부분은) 맞다. 그리고 (저 부분은) 틀리다." 옳은 점도 있고 틀린 점도 있다는 다소 상식적인 주장이다.

더 나아가 이렇게 바꿔 보는 것도 가능하다. "그것은 (이해하자면) 맞다. 그리고 (동의하자면) 틀리다." 이해와 동의를 구별하는 사유다. 가끔 '이해하다'와 '동의하다'를 혼용하는 경우도 있는데, 둘은 분명히 다른 말이다.

이해가 처지를 고려하는 것이라면, 동의는 있는 그대로를 지지하는 것이다. 누가 어떤 주장을 할 때, 그 주장에 동의하지는 않더라도 그가 그 주장을 하게 된 배경과 이유는 충분히 이해할 수 있다. 물론 주장을 이해하면서 동의하는 것 역시 가능하다.

원효는 이처럼 이해와 동의를 구별하고 불교 안의 충돌하는 여러 이론을 중재하기 위해 애썼다. 모든 이론을 이해하려 노력하되, 선별적으로 동의하는 방식을 취했다. 또한 이론들을 옳음/그름으로 이분하지 않고, 각 이론의 옳은 점은 취하고 잘못된 점은 비판했다. 이것이 원효의 화쟁 사상이다.

화쟁은 현대의 화법에도 유용하다. 일상에서 우리는 이해와 동의를 마치 같은 것으로 취급한다. 그래서 동의하면 그냥 이해하고, 동의하지 못하면 이해도 하지 않으려 한다. 그러나 이런 이분법적 태도보다는 동의와 이해를 구별해 동의는 명확히 하되, 되도록 이해는 하려고 노력하는 자세가 더 필요하지 않을까.

비록 타인의 의견에 '동의'하지 않더라도, 그가 어떤 조건과 배경에서 그 의견을 냈는지 헤아려 보면 나름의 타당한 이유가 있다는 걸 '이해'하게 된다. 그럼 의견이 다르다고 해서 그를 미워하거나 그와 충돌하는 일도 없게 된다. 더 부드럽고 열린 토론이 가능해지는 것이다.

그러다 보면 옳다/그르다의 조촐한 이분법에서 벗어나 '7할은 틀리지만 3할은 옳다', '8할은 아니지만 그래도 2할 정도는 귀담아 들을 만하다' 같은 입체적인 판단을 할 수 있게 된다.

주도권을 쥐고 싶다면 사회자가 돼라

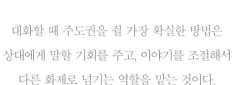

대화할 때 주도권을 쥘 가장 확실한 방법은
상대에게 말할 기회를 주고, 이야기를 조절해서
다른 화제로 넘기는 역할을 맡는 것이다.
그러면 그 사람이 이야기를 주도하게 된다.

프랜시스 베이컨

TV 토론 프로그램을 떠올려 보자. 많이 말하고 주목받는 것은 논객이지만, 토론의 주도권을 쥔 사람은 사회자다. 사회자는 토론의

프랜시스 베이컨(Francis Bacon, 1561-1626년). 영국 철학자 겸 정치가. 데카르트와 더불어 서양 근대철학을 연 인물로 평가받는다. 경험론을 주장했다. 우상을 배격하고 귀납법 같은 과학적인 태도로 학문을 연구했다. 정치가로서도 높은 자리에 올랐다. 인용문 출처:《수상록》

의제를 제시하고 논객들에게 발언권을 준다. 논객이 너무 오래 말하거나 의제에서 벗어난 말을 할 경우 제지하기도 한다. 논객들의 주장을 간추리는가 하면 논객들 간의 입장 차이를 조율해 주기 위해 자신의 의견을 밝히기도 한다. 사회자는 논객에 비해 말수는 적지만, 비중은 결코 적지 않다.

일상에서도 두 사람 이상이 모이면 자연히 사회자가 생긴다. 물론 토론을 할 때처럼 역할 분담이 명확하거나 지위가 주어지는 것은 아니다. 무의식적으로 은연중에 때로는 한 사람이, 때로는 여러 사람 혹은 전체가 사회자 역할을 나누어 수행하는 게 보통이다.

사회자는 말을 하기보다 주로 듣고, 적절히 질문하고 정리하며, 화제를 전환하는 사람이다. 이런 역할이 별 의미 없어 보일 수 있지만, 실은 사회자야말로 대화를 주도하고 말의 무게도 확보한다. 그리고 대체로 사람들은 이러한 사회자에게 호감을 느낀다.

사람들은 정도만 다를 뿐 대부분 듣기보다는 말하기를 좋아한다. 자기 마음을 표현하고 드러내려는 욕구는 본능 중 하나다. 그래서 타인의 말하기 욕구를 잘 풀어 줄 때 타인은 나에게 매력을 느낀다.

그렇다고 해서 듣고만 있다면 그건 방청객이나 다름없다. 경청하되 알맞은 때에 물을 줄 알아야 하고, 상대가 자신의 마음이 어렴풋해 장황하게 말할 때는 그런 점을 짚고 정리도 해 주어야 한다. 사람이 많이 모인 자리면 각자의 말 시간을 조정하고 화제도 적당한 때 전환해 대화가 지루해지지 않도록 이끌어야 한다. 또 혹시 대화에서 소외된 사람이 있을 경우엔 그도 참여할 수 있도록 도와준다. 이럴 때 나는 크게 드러나지는 않지만 자연스레 타인의 마음을 얻게 된다.

전략을 쓰되 거짓말은 안 된다

제나라 임금의 문객 중에 화가가 있었다. 임금이 물었다.
"무엇이 가장 그리기 어려우냐?" 화가가 답했다.
"개와 말이옵니다." 임금이 다시 물었다. "가장 쉬운 것은?"
화가가 답했다. "귀신이 가장 쉽습니다. 개와 말은
사람들이 익히 아는 것으로 아침저녁으로 보이는데,
똑같이 그릴 순 없으니 어렵습니다.
귀신은 형체가 없어 보이지 않으니 쉽습니다."

한비자

얼핏 생각하면 귀신이 개와 말보다 그리기 어려울 것 같다. 본 적
이 없으니 말이다. 그런데 화가는 역으로 개와 말이 어렵고 귀신이

한비자(韓非子, BC 280-233년). 중국 전국시대 철학자. 순자와 노자의 사상을 재해석해 법
치와 제왕학을 강조했다. 진시황의 큰 신임을 얻었다. 비극적인 최후를 맞았으나, 그의 사
상은 진나라의 국가철학에 반영됐다. 인용문 출처: 《한비자》

도리어 쉽다고 말한다. 개와 말의 그림은 정답이 있는 셈이니 화가로선 부담이 크지만, 귀신은 아무도 정답을 모르니 화가 마음대로 그려도 되기 때문이다.

당시에는 지금처럼 그림이 예술로 취급받지 못했다. 모사 잘하는 걸 으뜸으로 쳤다. 그렇다면 화가는 마땅히 개와 말보다 귀신 그리기를 어려워해야 옳다. 그런데 그는 귀신 그리기를 더 편하게 여긴다. 사람들이 정답을 모르기 때문이다.

화가가 귀신보다 개와 말 그리기에 더 정성을 들이는 이유는 그림 자체보다 사람들의 심리에 더 신경을 써서다. 화가로서 바람직한 자세는 아닐지라도, 화가가 쉽게 그린 귀신 그림이 거짓이라고 할 수도 없다. 화가의 그리기 태도는 거짓이 아닌 전략이다.

이 이야기를 책 《한비자》에 실은 한비자는 통치자는 전략적으로 말하고 행동하되 거짓말을 해서는 안 된다고 주장한다. 거짓은 전략의 일종 같지만, 통치자가 거짓을 일삼을 경우 그중 몇은 언젠가 거짓임이 밝혀지기 마련이다. 그러면 백성들이 더는 통치자를 믿지 않게 되어 엄격하게 법을 집행할 수 없게 된다. 통치자와 법에 대한 신뢰가 떨어지면 곧 국가도 무너진다.

말하기 역시 한비자가 생각한 통치자처럼, 또 이 이야기의 화가처럼 해야 한다. 전략을 쓰되 거짓말은 안 된다. 나의 뜻을 관철하기 위해 사람들에게 보여 줄 것만 보이고 굳이 이롭지 않은 것은 감춘다. 나쁜 처세가 아니다. 나의 모든 걸 곧이곧대로 드러내는 착한 말하기보다는, 전략과 변칙을 잘 활용하는 지혜로운 말하기를 지향하자.

그러나 거짓말은 좋은 전략이 못 된다. 거짓말은 거짓말을 낳고 거짓말을 하는 나도 당당하지 못하고 불안하다. 또한 들킬 경우 신뢰를 모두 잃는다. 지혜로운 사람이라면 이처럼 편치 않고 위험 부담이 큰 거짓말을 전략으로 애용하지는 않을 것이다.

8단계

자유

실천할 말, 버려야 할 말

유명 제품을 선호하는 이유는 '이름값'과 'A/S' 때문이다.

말에도 이름값과 A/S가 적용된다.

같은 말이라도 믿음직한 사람의 말을 더 믿는다.

또 아무리 설득력 있게 말을 해도

정작 그 말에 책임을 지지 않는다면

이후 그 사람 말을 신뢰하지 않을 것이다.

제품 판매 후 A/S가 중요하듯이

말을 한 후엔 실천이 중요하다.

그런데 말을 지키는 한편으로 말을 버리는 것도 필요하다.

때로 말이 삶을 해치기도 해서다. 더 높은 도약을 위해

그런 말은 과감히 버릴 수 있어야 한다. 종합하자면,

우리는 지켜야 할 말과 버려야 할 말을 구분해야 한다.

지킬 말은 지키고 버릴 말은 버리자.

말을 지켜 말의 구속에서 벗어날 수 있고,

또한 말을 버림으로써 말로부터 자유로워질 수 있다.

이것이 말에 대한 인문학의 태도다.

말 공부란 말을 위한 것이 아니요,

결국 말 너머의 나를 위한 것이기 때문이다.

말의 세 가지 법칙

말에는 세 가지 법칙이 있다. 고찰이 있을 것,
근거가 있을 것, 실천이 있을 것이다.

묵자

말을 할 때는 세 가지를 염두에 두어야 한다. 먼저 고찰을 해야 한다. 즉 깊이 생각하고 말해야 한다. 여과 없이 뱉은 말은 나를 해치고 타인도 해친다. 말에는 근거도 있어야 한다. 고찰은 사실에 근거해야 의미를 갖는다. 마지막으로 말에는 실천이 따라야 한다.

묵자(墨子, BC 479-381년). 중국 전국시대의 철학자. 제자백가 중 묵가의 시조다. 평등한 사랑인 '겸애'를 주장함으로써 피지배계급을 대변했고, 하늘을 섬기는 등 종교적인 색채도 강하게 드러냈다. 예수의 사상과 접점이 많아 중국의 양계초는 그를 '작은 예수'라 했고, 문익환 목사는 "묵자와 예수는 쌍둥이"라고 말했다. 인용문 출처:《묵자》

말하는 본인은 전혀 정의롭지 못하면서 정의에 대해 유려하고도 논리적인 연설을 하는 사람이 있다면 그 내용만큼 그는 우스운 사람으로 취급받을 것이다. 말은 실천으로 완성되는 법이다. 잠깐 만나고 말 사이라면 실천을 신경 쓰지 않아도 될지 모르나, 지속해야 할 관계라면 실천은 필수다.

사람은 자기 잘못에는 관대하지만 타인의 잘못에는 매우 엄격하다. 내가 은연중 지키지 않은 말을 상대는 금세 알아차린다. 열 말중 일곱 말을 지켰을 때 나는 스스로를 신뢰 있는 사람이라 여기지만, 상대는 내가 지키지 않은 세 말에 주목한다. 그러고는 나를 믿을수 없는 사람이라 판단한다. 말이 무서운 이유다. 당장은 그럴듯한 말을 뿌리니 좋지만, 언젠가 회수할 것도 염두에 둬야 한다.

포도주 잔은 잊혀도 그 맛은 오래 남는다

길거리나 시장에서 친구를 만나거든,
당신 안의 영혼이 입술을 움직이고 혀를 굴리게 하라.
당신 내면의 목소리가 그의 귀에 속삭이도록 하라.
그러면 그의 영혼이 당신 마음의 진실을 영원히 간직할 것이다.
마치 포도주 빛깔이 지워지고 포도주 잔이
더는 기억나지 않더라도 그 맛은 오래도록 잊히지 않는 것처럼.

칼릴 지브란

대화란 말의 나눔 이전에 마음과 마음의 나눔이다. 말은 단지 도
구다. 말도 중요하지만, 말을 하는 사람의 마음이 더 중요한 이유다.

칼릴 지브란(Kahlil Gibran, 1883-1931년). 레바논 작가. 세계를 주유하며 종교와 철학과 문
학, 미술 등 여러 분야를 섭렵했다. 주로 종교적이고 신비주의적인 색채가 강한 작품을 많
이 남겼으며, 그의 이름을 딴 '지브라니즘(Gibranism)'이란 용어가 생길 정도로 인기를 끌
었다. 인용문 출처: 《예언자》

그래서 진의와 다른 말을 해서는 안 된다.

내 안의 영혼이 입술과 혀를 움직이게 해야 한다. 그것은 관성에 젖어 고리타분하게 말하는 것이 아니라 마음 깊은 곳에서 길어 올린 진심의 언어를 발화함이다. 그 진심의 언어를 '내면의 목소리'라 일컫는다.

내가 내면의 목소리를 낼 때 타인 역시 나에게 바깥의 귀를 지나 내면의 귀를 열어 준다. 모국어가 달라 의사소통이 어려운 사람들도 서로 친구가 되고 연인이 된다. 이를 가능하게 하는 것이 내면의 목소리다.

지브란은 포도주로 비유한다. 포도주 빛깔과 잔이 중요한 게 아니다. 그거야 눈을 감으면 사라질 것들이다. 하지만 맛은 그렇지 않다. 입술과 목을 거쳐 내려간 포도주는 나의 몸 구석구석으로 깊이 스며든다. 마찬가지로 영혼에서 길어 올린 내면의 목소리는 말주변이 없더라도, 심지어 언어가 다를지라도 상대의 내면 깊은 곳으로 가 닿는다.

물론 이후에 그 말을 책임지고 실천하지 않는다면 내면의 목소리는 헛된 것이 되고 말리라. 앞에서 진실하게 말하고, 그 말에 책임지는 뒷모습을 함께 보여 줄 때 상대방은 나의 말을 신뢰한다.

자유인이 될 것

누군가 '창의적인 소명'에 헌신한다면
그는 한 사람의 탐험가가 될 권리를 주장하는 것이다.
매일 새벽 그는 광활하고 지도에 나와 있지 않은
영토를 향해 새롭게 출발한다.
출발한다는 것은 자유의 정수이자 엄청난 표명이다.

월레 소잉카

유사 이래 자유만큼 사람을 설레게 한 말도 없으리라. 동서고금
의 무수한 사상가와 시인이 자유를 탐구하고 갈망했으며, 불교의 해

월레 소잉카(Wole Soyinka, 1934-). 나이지리아 작가. 주로 희곡을 썼다. 정권을 비판한 탓
에 나이지리아 내전 때 투옥됐고, 사형선고를 받는 등 많은 수난을 겪었다. 아프리카에
서 처음으로 노벨문학상을 받았고, 정권 교체 이후에는 정치에도 참여했다. 인용문 출처:
《2017 제1회 아시아문학페스티벌》에 수록된 강연문

탈과 기독교의 구원 역시 자유의 다른 이름이다. 독립운동과 민주화 운동 과정에서 스러져 간 이들 역시 궁극적으로는 자유를 얻기 위해 싸웠다.

소잉카는 자유인을 이렇게 풀이한다. 창의적 소명에 헌신하는 탐험가. 탐험가는 누구나 가는 길, 정해진 길을 거부하고 새 길을 개척하는 사람이다. 마찬가지로 자유인은 소명에 헌신하지만, 정해진 소명이 아닌 창의적 소명을 개척하는 사람이다.

그 소명은 사회나 타인이 강요한 것이 아닌, 온전히 나의 뜻에 따라 세워진 것이며, 자유인은 그 소명을 향해 우직하게 나아간다. 자유인은 외부와 타인이 제시한 가치와 명령에 복종하기를 거부한다. 아무것도 없는 방종 상태나 무목적 역시 지양한다.

사람은 끝없이 무언가를 지향한다. 그러므로 헌신하거나 지향할 것이 없는 삶은 사실상 불가능하다. 만약 그런 상태에 있다면 그것은 혼돈 그 자체일 뿐이다.

이처럼 자신만의 뚜렷한 삶의 목적이 없으면 외부의 것들에 휘둘리기 마련이다. 오직 하나를 향해 나아갈 때 다른 것에 얽매이지 않는다. 다만 그 하나는 바깥에서 끌어오는 게 아니라 내가 직접 창조해야 한다는 점을 기억해야 한다.

신뢰를 깨기 싫어서 어쩔 수 없이 자신이 한 말을 지키는 사람은 자유인이 아니다. 자유인은 말과 책임을 구분하지 않는다. 진정으로 나의 뜻이기에 말하고 실천할 따름이다. 마치 음악을 좋아하는 사람은 억지로 음악을 감상하지 않듯이 말이다.

　자유인은 자기 내면의 목소리를 발화하고 그것을 당연히 실천한다. '그래도'가 아닌 '그래서'다. 하고픈 말을 하고 지키고픈 말을 지키니 자유롭다. 또한 거기서 자연스러운 기쁨을 얻는다.

사다리를 딛고 올라선 후에는 걷어차라

나를 이해하는 사람은, 나의 명제들을 딛고 올라간 그는
결국 나의 명제들을 무의미한 것으로 인식하게 된다.
말하자면 사다리를 딛고 올라선 후에는
그 사다리를 던져 버려야 하는 것이다.

루트비히 비트겐슈타인

루트비히 비트겐슈타인은 언어와 논리를 탐구한 학자다. 언어와
논리는 유용하지만 그 한계 역시 명확하다는 게 그의 결론이다. 이

루트비히 비트겐슈타인(Ludwig Wittgenstein, 1889-1951년). 오스트리아 철학자. 철학자로서
초기에는 언어를 엄격한 논리 형식으로 구축하고자 시도했고, 후기에는 삶의 양식에 따른
일상의 언어에 주목했다. 알랭 바디우는 "비트겐슈타인 이후 철학은 더는 언어의 문제를
간과할 수 없게 되었다"고 말한 바 있다. 영국 케임브리지 대학 교수를 역임했고 《논리철
학논고》, 《철학적 탐구》 등을 남겼다. 인용문 출처: 《논리철학논고》

를 "말할 수 없는 것에 침묵하라"는 유명한 명제로 남겼다. 물론 이 말은 모르는 것에 대해 주제넘게 아는 척하지 말라는 식의 충고는 아니다. 말이 가 닿을 수 없는 것들, 말로는 결코 설명할 수 없는 것들에 대한 경외다. 말은 말이 유용한 범위 내에서만 유용하기 때문이다. 그 너머에서 억지로 말로 이름을 붙이고 해석하려 들 때 언어의 기능은 속절없이 무너진다. 그래서 비트겐슈타인이 이루어 낸 것들을 온전히 이해한 사람은 역설적이게도 그것을 무의미한 것으로 인식하게 된다. 그의 철학이 사다리이기 때문이다. 사다리는 올라갈 때는 꼭 필요하지만, 올라간 후에는 필요 없다. 나를 향상시켜 준 사다리가 고맙다고 해서 사다리를 머리에 이고 다닐 순 없지 않은가.

말 한마디로 천 냥 빚을 갚기도 하고, 평생의 상처를 주기도 한다. 말은 나와 타인 그리고 나와 세상을 이어 주는 다리다. 그러나 삶에는 말이 가 닿을 수 없는 곳이 분명 있다. 그 경우 억지로 말을 사용하면 말이 오히려 관계를 악화시킬 수 있다. 그럴 때는 사다리를 걷어차듯이, 과감히 말을 던져 버려야 한다.

고전과 권위자의 격언은 나의 삶을 지탱하고 추동하지만, 종종 그것은 나를 모순 상태에 빠뜨리기도 한다. "만족하지 마라"는 말은 현재의 행복을 빼앗고 "만족하라"는 말은 미래의 가능성을 차단한다. 이처럼 말은 완벽하지 못하다. 말로 도저히 표현 못할 정도로 감정이 복받칠 때는 차라리 침묵하는 게 낫다.

말로 도저히 설명할 수 없거나 말이 오히려 나의 삶을 해롭게 한다면 그때는 말을 버려라. 말로 표현할 수 없는 것을 억지로 표현하려 할 때, 말로 해결되지 않는 것을 꼭 말로 해결하려 들 때 또 다른 난제가 발생하기 때문이다. 어떤 말이라도 내려놓을 수 있다는 각오를 해야 비로소 말로부터 자유로워진다.

언약이라고 다 지킬 필요는 없다

언약이란 옳음에 가까워야
그 말을 실천할 수 있다.

유약

　말에는 실천이 따라야 한다. 그러나 이는 원칙일 뿐 절대적인 것은 아니다. 언약이라도 어겨야 할 때가 있다. 예를 들어, 결혼 날짜를 잡았는데 상대에게서 큰 문제점이 보인다거나, 관계를 지속하지 못할 만큼의 심각한 갈등이 뒤늦게 생긴다면 그때는 멈추는 게 맞다.

유약(有若, BC 518~458년). 중국 춘추시대 학자. 공자가 깊이 신뢰하는 제자였을 뿐 아니라 공자 사후에 그를 학단의 스승으로 추대하려는 움직임이 있었을 정도로 학단 내에서 입지도 탄탄했던 것으로 보인다. 몇몇 일화가 있을 뿐, 저서는 전해지지 않는다. 인용문 출처:《논어》

상대에게 미안하고 주변 사람들 보기에도 민망한 일이지만, 어쩔 수 없다. 약속과 체면도 중요하나, 그보다 더 중요한 것이 나의 삶이기 때문이다. 무릇 말과 약속은 신중해야 하지만, 그럼에도 어쩔 수 없을 때는 내려놓는 과단성이 필요하다.

유약은 공자의 제자다. 언행일치와 신뢰를 중시하는 공자 학단이지만 말과 약속을 반드시 지켜야 한다고는 보지 않았다. 언약의 기준은 '옳음'이었다. 보통은 약속을 지키는 게 옳음이지만, 이치에 어긋나는 약속은 지키지 않는 게 오히려 옳음이라 보았다.

다만 이치에 어긋나는 약속을 지키지 않는 것과 거짓말은 구분해야 한다. 거짓말은 처음부터 기만적인 행위이기 때문이다. 그러므로 약속은 지키지 못할 수 있는 것이지만, 처음부터 거짓말은 하지 않는 게 맞다. 약속은 어기면 신뢰가 떨어지는 정도이지만, 거짓말은 들키면 관계를 잃는다.

'예'와 '응' 사이가 그리 먼가

'예'와 '응' 사이의 거리가

대체 얼마라던가.

노자

노자는 예의범절을 혐오했다. 서로 사랑하고 친절하게 대하면 그만이지, 굳이 친하냐 소원한 관계냐, 상대방이 귀하냐 천하냐에 따라 표현 방식을 다르게 규정할 필요가 없다고 생각했다. 자식이 부모에게 해요체나 친근하게 반말을 쓴다고 해서, 극존칭을 쓰는 회사 상사보다 부모를 덜 사랑하는 것은 결코 아니다.

말의 내용과 형식은 하나가 아니다. 진정성과 가치를 담고도 표현

인용문 출처:《노자》

이 서툰 사람이 있고, 말은 유려해도 정작 그 안은 비어 있는 사람도 있다. 그런데 사람들은 보통 내용과 형식을 하나로 생각한다. 말이 예의바르면 마음 역시 공손하리라 생각하고, 말이 서투르면 그 내용 또한 빈약하리라 넘겨짚는 것이다.

그러나 노자는 묻는다. '예'라고 대답하는 것과 '응'이라고 대답하는 것이 그토록 다른 것이냐고. 말의 형식과 예절에 집착할수록 상처를 잘 주고, 상처도 잘 받는다. 일례로 예의에 예민한 사람은 타인의 조그마한 '무례'에도 몹시 언짢아져 스스로 상처를 입고, 타인에게 예절을 강요함으로써 상처를 주곤 한다.

물론 말의 형식과 예절의 영향력을 무시할 수는 없다. 여느 사람들이 형식이 내용을 드러낸다고 믿는다면 형식을 지켜 주는 게 살아가는 데 더 용이하겠지만, 내용과 형식이 꼭 들어맞지 않는다는 사실도 아울러 직시할 필요는 있다. 따라서 다음과 같이 종합하는 것은 어떨까.

나의 말에는 예절과 형식을 갖추자. 그러면 사람들이 내 말에 더 귀 기울여 줄 것이다. 반면, 타인의 말을 들을 때는 예절과 형식의 잣대를 잠시 내려놓자. 그러면 나는 말의 겉치레로 타인에게 상처를 주지 않을 것이고, 나 또한 타인의 말로 인해 상처 입는 일이 줄어들 것이다.

명상이 침묵이고, 침묵이 명상이다

한 임금이 영적 스승을 찾아가 물었다. "나는 무척 바쁜
사람이오. 내가 어떻게 하느님과 하나 될 수 있는지 그 길을
빨리 일러 줄 수 있겠소? 한 문장으로 말이오."
스승이 답했다. "문장은 관두고 한 단어로 답하지요."
"그 단어가 무엇이오?" "침묵!" "어떻게 그 침묵을
얻을 수 있소?" "명상!" 왕이 다시 물었다. "무엇이 명상이오?"
"침묵!" "그 침묵을 어떻게 얻을 수 있소?" "명상!"
"명상이 무엇이오?" "침묵!"

앤소니 드 멜로

어느덧 말 공부의 끝에 이르렀다. 사제인 앤소니가 소개한 일화에
따르면, 하느님을 만나는 방법은 침묵이다. 침묵을 이루는 방법은

앤소니 드 멜로(Anthony de Mello, 1931-87년). 인도 출생. 가톨릭 예수회 신부. 서양의 가톨
릭 신앙과 동양의 인도 사상을 접목한 것이 특징이다. 맹목적이고 기복적인 신앙을 지양
했고, 신앙적인 성찰과 명상을 강조했다. 이현주 목사 등에 의해 국내에서도 많은 책이 번
역되었다. 인용문 출처:《행복하기란 얼마나 쉬운가》

명상이고, 명상을 이루는 방법은 다시 침묵이다. 명상이 곧 침묵이요, 침묵이 명상이다.

앤소니의 침묵은 단지 말을 하지 않는 상태만을 가리키지 않는다. 침묵은 말의 멈춤인데, 이는 내외의 정지다. 바깥의 말을 하지 않는 것은 물론, 지금도 쉴 없이 재잘대고 있는 나의 내면의 말 또한 멈추는 것이다. 그래서 침묵은 곧 명상이다.

내면의 말을 멈춘다는 것은 선입견과 편견으로 점철된 나의 모든 판단을 그치는 것이다. 그리고 앤소니는 "내가 생각하는 하느님과 진짜 하느님은 아무런 상관이 없다"고 덧붙인다. 나의 생각대로 덧칠한 '하느님'이란 관념을 지울 때, 진정 하느님을 만날 수 있다는 뜻이다.

타인을 만날 때도 마찬가지다. 타인에 대한 선입견과 기존의 모든 판단을 내려놓아야 한다. 내 생각으로 덧칠한 '그'란 관념을 지울 때 비로소 그가 다가온다. 진정한 만남은 이처럼 깊은 차원에서 이루어지는 건지 모른다.

앤소니의 조언은 사실 지금까지의 말 공부 방법과 다소 위배된다. 궁극적으로는 침묵이 옳더라도, 우리가 발 딛고 있는 현실에서는 지식을 쌓고 나의 눈으로 바라보고 판단하고 말로 표현해야 하기 때문이다. 그렇다면 답은 역시 조율일 것이다.

열심히 앎을 축적하고 깊은 관점을 갖자. 그리고 이를 상황에 맞게 멋진 말로 표현하자. 그렇지만 가끔은 침묵을 지키자. 타인에 대한 앎과 판단을 리셋하는 것이다. 하나씩 쌓아 가는 것 못지않게 하나씩 비우는 것 역시 중요하다. 그래야 다시 시작한다. 어차피 리셋한다고 해서 완벽하게 되지는 않는다. 다만 그 정도라도 노력해야 겨우 선입견을 줄일 수 있다. 그러니 결코 침묵을 퇴보로 여기며 꺼릴 필요는 없다. 오히려 기존의 앎과 인식을 리셋하고 침묵할수록, 나의 말은 간결하고 깊어질 것이다.

실전

말의 내공을 보여 준
성현들 이야기

역사에 기록된 지혜로운 대화 몇 가지를 살펴보자.

짧은 대화인데도 말하는 이의 성격과 사상이 드러나 흥미롭다.

이 대화들을 통해 나의 생각을 어떻게 말에 담아

표현하면 좋을지 고민해 보면 좋을 듯하다.

기억할 것은, 타고난 심성과 천재성도
배제할 순 없겠으나,
수많은 노력을 거쳐 그들이 그런 지혜로운 대화를
할 수 있게 되었다는 점이다.
그 전제를 염두에 두면서 읽어야 한다.

석가모니

임종을 앞둔 석가모니가 제자 아난을 불러 유언을 남겼다. "아난아, 대장장이의 아들 춘다가 이렇게 스스로를 힐난할지 모른다. '내가 드린 음식을 먹고 부처님이 죽게 되었으니 이것은 전적으로 나의 잘못이고 나의 불행이다!' 그러나 아난아, 춘다에게 이렇게 말해 죄책감을 없애 주어야 한다. '벗 춘다여, 부처님은 그대가 드린 음식 탓에 죽는 게 아니라, 죽기 전에 마지막으로 그대의 음식을 드실 수 있었던 것입니다. 그러니 그대는 죄를 지은 게 아니라, 가장 큰 공덕을 지은 것입니다. 이는 내가 부처님께 직접 들은 말씀입니다.' 이렇게 춘다의 자책감을 없애 주어야 한다."

《대반열반경》에서

불교에서는 '공양'을 공덕을 쌓는 귀중한 행동으로 본다. 공양은 수행자에게 음식을 제공하는 것이다. 특히 석가모니처럼 깨달은 붓다에게 바치는 음식의 공덕은 매우 크다. 그래서 석가모니를 존경했던 춘다도 여유가 되는대로 석가모니와 그 제자들에게 음식을 바쳤다. 그런데 인도는 더운 나라여서 음식이 잘 상했다.

어느 날 춘다가 석가모니에게 버섯요리를 바쳤는데 그만 상해 버리고 말았다. 공양을 받으면 스승인 석가가 먼저 맛보고 제자들이 먹는 게 관례였다. 음식이 상한 걸 안 석가가 남은 요리를 땅에 묻도록 했다. 그러나 상한 음식을 먹은 석가는 속병에 걸리고 급격히 쇠약해져 얼마 안 돼 죽음을 맞는다.

자신의 음식 탓에 존경하는 붓다가 죽은 걸 알게 된다면 춘다의 상심과 죄책감은 이루 말할 수 없을 것이다. 석가는 이를 염려해 임종 직전 제자 아난을 불러 유언을 남긴 것이다. 춘다의 음식 탓이 아니라 자신은 늙어 죽을 때가 되었을 뿐이라고. 춘다는 그런 자신에게 마지막 음식을 제공했으니 도리어 가장 큰 공덕을 쌓은 거라고.

원망은커녕 대장장이 아들을 염려한다.

석가의 이 감동적인 배려는 단지 '괜찮다'는 정도의 위로를 넘어선다. 그는 춘다의 죄책감을 없애 주려고 역발상을 시도한다. 버섯 요리 사건을 춘다의 잘못이 아닌, 도리어 공덕의 차원으로 끌어올린 것이다. 석가의 유언을 전해 들은 춘다의 반응은 기록에 남아 있지 않지만, 그가 어떤 심정이었을지 누구나 짐작할 수 있을 것이다.

성인 같은 '큰 사람'의 말은 울림이 있다. 사람들의 진심을 건드린다. 세련된 화술 때문이 아니다. 감동은 말이 아닌 그 사람 삶에서 비롯된다. 그래서 같은 말도 누가 하느냐에 따라 가치가 다르다. 필부의 한마디와 성인의 한마디는 천지 차이다. 자신을 수양하는 것에서 말 공부가 시작되는 이유다.

공자

맹의자가 효에 대해 묻자 공자가 말했다. "어김이 없어야 합니다." 맹무백이 효에 대해 묻자 공자가 말했다. "부모는 오직 자식이 아플까를 걱정할 뿐이오." 자유가 효에 대해 묻자 공자가 말했다. "오늘날엔 효를 그저 부모를 봉양하는 것인 줄 아는데, 길러 주기는 개와 말한테도 하거늘 공경심이 없다면 어찌 구분하겠느냐?"

《논어》에서

효에 대한 공자의 대답이 제각각이다. 맹의자는 노나라의 권세가인데, 노나라를 피폐하게 만든 주범이었다. 그래서 공자는 "어김이 없어야 한다"고 넌지시 비판한 것이다. 부모를 대할 때 예에 어긋남이 없어야 하는 것처럼, 나라를 다스리고 백성을 대할 때도 예 즉, 도리에 어긋나서는 안 된다고 돌려 말한다.

맹무백은 맹의자의 아들이다. 부모가 유력가여선지 안하무인인 데다 주색잡기에 빠져 있었던 모양이다. 공자는 효는 이런 것이라며 정의해 주지 않고, 그 대신 효심을 일깨울 수 있는 말을 한다. 자식의 건강에 노심초사하는 부모의 마음을 알려 줌으로써 조금이나마 부모의 마음을 헤아릴 수 있게 한다.

자유는 공자의 제자다. 자유는 부모를 물질적으로 모자람이 없도록 모시기는 했으나, 그 마음에 존중심이 부족했다. 그래서 공자는 가축도 먹여살리는데 부모에게 물질적으로 잘해 주는 것이 뭐 그리 대단한 일이냐고 꾸짖는다.

이렇듯 공자는 질문자의 처지와 수준에 따라 다른 답을 내놓는다.

유연하다. 누구에게나 대답이 똑같은 사람이라면, 나의 고민이나 문제를 진심으로 털어놓고 조언을 구하고 싶은 마음이 들지 않을 것이다. 그래서 깊이를 갖추어야 한다. 만일 효에 대한 통찰이 깊지 않았다면 공자 역시 틀에 박힌 단순한 대답만 할 수밖에 없었으리라. 항아리에 물이 가득 담겨 있어야 여러 그릇을 퍼 낼 수 있듯이, 다양하고 유연한 대화를 위해선 앎과 사유가 깊어야 한다.

한비자

범려는 전성자를 섬기는 사람이었다. 전성자가 제나라를 떠나 연나라로 갈 때 통행증을 들고 따랐다. 마을 입구에서 범려가 말했다.

"마른 호수의 뱀 이야기를 들은 적이 없으십니까? 호수 물이 말라 뱀은 떠나야 했습니다. 그중 작은 뱀이 큰 뱀에게 말합니다. '그대가 앞서고 내가 뒤따르면 사람들은 뱀이 지나간다며 그대를 죽일 것입니다. 그러나 그대가 나를 등에 업고 가면 사람들은 나를 신령님이라 여길 것입니다.' 이에 큰 뱀이 작은 뱀을 업고 큰길을 지나갔습니다. 사람들은 과연 피하면서 '신령님이다'며 감탄했습니다. 지금 당신의 형색은 아름답고 나는 볼품없습니다. 제가 그대를 귀빈으로 모신다면, 그대를 천승의 군자라 생각할 것입니다. 그러나 당신이 나를 섬긴다면, 저를 만승의 군자라 생각할 것입니다. 그러니 그대가 나를 모시는 게 좋겠습니다." 이에 전성자는 통행증을 들고 범려를 따랐다. 여관에 이르자 여관 주인은 이들을 매우 공경하여 술과 고기를 대접했다.

《한비자》에서

범려의 기지가 돋보인다. 범려는 자신들이 처한 상황을 우화로 빗댄다. 큰 뱀이 앞서고 작은 뱀이 뒤따르는 것은 당연한 일이기에 사람들은 그저 뱀이 지나간다며 이들을 죽이려 들 것이다. 그런데 큰 뱀이 작은 뱀을 업고 간다면, 사람들은 이를 신령한 징조라 여길 것이다.

　마찬가지로 상대적으로 귀해 보이는 사람이 미천한 쪽을 시중든다면 사람들은 미천해 보이는 사람이 귀한 사람보다 더 귀하리라 짐작해, 그 둘을 귀한 사람이 귀해 보이는 것 이상으로 융숭히 대접할 것이다.

　상식이 어긋날 때 사람들은 의아해한다. 상식이 지배적일 때는 여태껏 해 온 관습대로 대응하지만, 상식이 깨질 때 불현듯 의문을 품고 고민을 하기 시작한다. 따라서 말 역시 상식을 넘어서는 말이 사람의 관심을 끈다. 그러나 여기에는 그만큼 위험도 따른다. 상대방에 따라 자칫 역효과를 불러일으킬 수도 있기 때문이다.

　이 이야기에서 주목할 사람은 역시 기발한 발상을 한 범려다. 상식을 깬다는 것은 상식을 뛰어넘어야지, 상식에 못 미쳐서는 안 된다. 다행히 범려의 말은 상식을 뛰어넘는 것이어서 효과를 볼 수 있었다.

그런데 범려의 말을 수용한 전성자도 범상치 않은 인물임을 잊지 말아야 한다. 범려가 아무리 창의적인 방법을 생각해 냈어도 전성자가 이를 받아들이지 않았다면 소용없었을 것이다.

상식을 전복할 기발한 생각을 할 수 없다면 적어도 타인의 '비상식적인' 말을 유연하게 판단하고 수용할 수 있는 내면은 갖추어야 한다. 전성자는 그 때문에 득을 볼 수 있었다.

예수

서기관들과 바리새인들이 간음하다 잡힌 여인을 끌고 와 무리 가운데에 세우고는 예수에게 말했다. "선생님, 이 여인이 간음하다 현장에서 잡혔습니다. 모세는 율법에서 이르길 이러한 자를 돌로 치라 명하였는데 선생님은 어떻게 말씀하시겠습니까?" 그들이 이렇게 말함은 고발할 빌미를 만들려고 예수를 시험함이라. 예수가 몸을 굽혀 땅에 무언가를 썼다. 그들이 무엇인지 묻자 예수가 말했다. "너희 중에 죄 없는 자가 있다면 (이 여인을) 돌로 쳐라." 이 말씀을 듣고 양심의 가책을 느껴 젊은이부터 어른까지 모두 가고, 오직 예수와 여자만 남았더라.

《신약성경》〈요한복음〉에서

간음한 자는 돌로 치라는 모세의 율법을 따르면, 예수는 원수조차 사랑하라던 자신의 말과 신념을 어기게 된다. 또 자기 신념대로 돌로 쳐서는 안 된다고 주장하면, 상대에게 고발당할 빌미를 준다. '쳐라' 혹은 '안 된다' 둘 중 하나를 선택해야 하는데 둘 다 선택할 수 없는 아주 난처한 상황이다.

이때 예수는 둘 다 선택하지 않는 '선택'을 한다. 상대방이 두 가지를 내밀었다고 해서 그중 하나를 꼭 선택해야 하는 건 아니다. 예수처럼 이럴 수도 저럴 수도 없는 상황에 처했을 때 할 수 있는 방법으로는 첫째, 선택 자체를 무시하는 것이다. 바리새인의 질문에 예수가 답해야 할 의무는 없다. 즉 질문 자체를 무시하고 저들의 저열한 속뜻을 드러내 꾸짖을 수 있다.

둘째, 선택 내용을 파괴하는 것이다. 다른 선택을 말하거나, 기존

예수(Jesus Christ, BC 4-AD 30년), 기독교 교조, 팔레스타인에서 유대인 목수의 아들로 태어났다. 절대적 사랑과 평등, 새 신앙을 주창했다. 메시아로 불려 기존 종교 지도자들에게서 모함을 당해 십자가형에 처해졌다. 사후 부활했다고 성경에 전한다.

선택 내용을 종합해 새로운 것을 만들어 내는 식이다. 상대가 짠 진형에서 벗어나거나, 벗어날 수 없다면 그 진형을 흩트리는 것이다. 즉, 내파(內破)하는 것이다.

예수는 후자를 취한다. 두 선택, 즉 '돌로 쳐라'와 '돌로 쳐서는 안 된다'를 종합해 "죄 없는 자는 돌로 치라"고 한다. 돌로 치라고는 했지만, 그럴 수 없는 전제 조건을 달아 결국 칠 수 없게 만든다. 이에 예수를 고발할 빌미를 노렸던 바리새인의 계획은 무산될 수밖에 없었다.

예수처럼 타인의 말에 끌려가지 않는 게 중요하다. 빨간 신호등인데도 한 사람이 건너면 따라 건너려는 사람들을 종종 본다. 걸음을 내딛기 전에 내가 직접 신호등 색을 확인해야 하지 않을까. 타인의 말은 경청해야 한다. 하지만 그대로 따르지는 마라. 의도를 간파한 후 따라도 늦지 않다.

숭산

한 여성 제자가 숭산에게 물었다. "스님, 한국 불교에 여자 선사 (禪師)가 있습니까?" "없어, 없어, 물론 없지!" 숭산이 바로 대답 했다. 제자는 그 말에 큰 충격을 받고 화까지 났다. 평소 숭산 은 성차별 없이 제자들을 평등하게 대해 여성 제자들에게도 지 도자 자격을 인정했기 때문이다. '이런 생각을 하시다니, 말도 안 돼!' 제자는 다시 숭산에게 물었다. "어째서입니까?" 엷은 미 소를 띤 숭산이 제자를 응시하며 말했다. "여자는 부처가 될 수 없거든!" 역시 믿을 수 없는 말이었다.

농담이리라 생각하고 고개를 들어 보니 숭산은 이미 다른 방 으로 들어가고 있었다. 제자는 뒤따라갔다. 그 방에서 숭산은 아무 일도 없었다는 듯 바쁘게 다른 일을 하고 있었다. 숭산 에게 다시금 제자가 물었다. "스님께선 늘 저희에게 온전히 자 신의 참나를 믿으라고 가르치셨습니다. 그런데 어째서 이제 와서 여성은 성불할 수 없다고 하십니까?" 그러자 숭산이 몸을 홱 돌려 손가락으로 제자를 가리키며 물었다. "그러면, 자네는 여자야?" 그 순간 제자의 얼굴에 미소가 번졌다.

《부처를 쏴라》에서

한국인 승려 숭산에게 미국인 여성 제자가 "한국 불교에 여성 선
사가 있"냐고 묻는다. 선사는 깨달음이 경지에 이른 승려를 가리킨
다. 없다고 단언하니, 제자는 당혹스러웠을 법하다. 아마 다른 이유
가 있겠지 싶어 다시 묻자 숭산은 아예 "여자는 부처가 될 수 없다"
고 못을 박는다.

　제자는 이 말이 믿기지 않는다. 평소 숭산은 성차별과는 거리가
먼 스승이었기 때문이다. 그런데 너무나 당연하다는 듯한 숭산의 말
투와 행동이 진심인 듯해 스승과 한국 불교계에 배신감과 분노를
느낀다. 또 깨달음을 얻으려고 입문했는데, 정작 여성은 불가능하다
니 절망스러웠을 것이다. 이러한 복잡한 감정을 담아 제자는 다시
묻는다. 어째서 여자는 성불할 수 없는 거냐고.

　숭산은 하던 일을 멈추고 제자에게 묻는다. "그러면, 자네는 '여자'

숭산(崇山, 1927-2004년). 한국의 승려. 독립운동에 가담해 옥고를 치렀다. 미국을 비롯한
해외에서 주로 활동하여 세계에 한국 불교를 알리는 데 크게 이바지했다. 달라이 라마, 틱
낫한, 마하 고사난다와 20세기 4대 생불로 추앙받았다.

야?" 여성이냐 남성이냐, 여성은 이래야 한다 남성은 저래야 한다는 규정에 집착하는 한 부처가 되지 못한다. 따라서 깨달은 사람 중에 여성이 없다는 것은 여성은 깨닫지 못한다는 뜻이 아니라, 깨달은 사람에게는 성을 비롯한 어떠한 구분도 집착도 없다는 의미였다. 그러니 '선사'는 있어도 '여자 선사'나 '남자 선사'는 있을 수 없는 것이다. 여자는 부처가 될 수 없다는 말 역시 그런 배경에서 나온 것이었다.

그런데 여러 차례 대답에도 제자가 알아듣지 못하자 직설적으로 질문을 던졌던 것이다. 자신을 한국인이라 규정하면 한국인이요, 여성이라 규정하면 여성이다. 그러나 이런 껍질들을 벗고 또 벗으면 나에게는 '사람' 혹은 '나'란 한마디만 남는다.

숭산의 말은 성차별 언어가 아니라 깊은 평등의 언어였다. 그제야 스승의 말을 이해한 제자는 깊이 감동한다. 만일 처음부터 숭산이 알아듣기 쉽게 설명했다면 제자는 머리로만 이해했을지 모른다.

숭산은 질문 하나로 제자의 마음을 열었다. 이토록 질문은 힘이 있다. 질문은 상대가 자신을 돌아보고 사유하게 만든다. 물론 질문이 깊어야 한다. 결코 쉬운 일은 아니지만 못한다고 포기할 것도 아니다.

이 대화에서 숭산의 질문만 중요한 건 아니다. 이 대화를 만들어 낸 것은 제자의 질문이기 때문이다. 제자는 물러서지 않고 의문점이 풀릴 때까지 묻고 또 물었다. 만일 제자가 첫 질문에 실망하고 그대로 숭산을 떠났다면, 이 대화는 탄생할 수 없었으리라.

예수는 죽은 딸을 살려 달라는 부모의 간청에 딸을 살리는 기적을 행하며 이렇게 말했다. "그대의 믿음이 딸을 살렸다." 그렇다. 딸을 살린 것은 예수이기도 하고, 예수를 믿고 맡긴 부모이기도 하다. 마찬가지로, 이 대화에서 제자의 마음을 연 질문은 숭산의 질문이자, 이 대화를 있게 한 제자 본인의 질문이기도 하다. 숭산처럼 기지 있는 질문을 던질 수 없어도 괜찮다. 제자처럼 고민되는 것을 묻고 물을 수 있다면 그것만으로도 훌륭하다.

이규보

지인이 내게 말했다. "어제 저녁 한 불량한 남자가 돌아다니며 개를 큰 몽둥이로 때려죽이는 것을 보았습니다. 개가 죽어 가는 모습이 너무 슬퍼 마음이 아팠습니다. 이후로 저는 개고기는 물론 돼지고기도 먹지 않기로 맹세했습니다." 내가 답했다. "어제 어떤 사람이 화로에 이를 잡아 죽이는 것을 보았습니다. 나 역시 마음이 아팠고, 다시는 이를 죽이지 않기로 맹세했습니다." 지인은 실망스러운 표정으로 말했다. "이는 미물입니다. 나는 큰 동물의 죽음을 보고 슬퍼 말한 것입니다. 지금 저를 놀리시는 겁니까?" 내가 말했다. "무릇 혈기가 있는 것은 사람부터 소와 말, 돼지와 양, 벌레와 개미까지 삶을 원하고 죽음을 싫어하는 마음은 거의 같으니, 어찌 큰 것만 죽음을 싫어하고 작은 것은 그렇지 않겠습니까? 개와 이의 죽음은 같은 것입니다. 그러므로 비유한 것일 뿐, 어찌 희롱하려는 의도겠습니까? 그대가 믿지 못한다면 열 손가락을 깨물어 보십시오.

엄지만 아프고 나머지는 아프지 않습니까? 한 몸의 크고 작은 부분에도 모두 피와 살이 있기에 그 아픔은 같습니다. 하물며 각자 기운과 호흡을 받은 것 중에 어찌 저것만 죽음을 싫어하고 이것은 좋아하겠습니까? 그대는 물러나 마음을 가라앉히고 가만히 생각해 보십시오. 달팽이의 뿔과 쇠뿔을 같이 보고, 메추리를 대붕과 같이 본다면, 그 다음에야 나는 그대와 더불어 도를 논하겠습니다."

《동국이상국집》에서

한 지인이 이규보에게 찾아와 전날 겪은 일과 느낀 바를 이야기한다. 지인은 개를 도축하는 장면을 보았고, 그 모습이 너무나 슬퍼 다시 개고기는 물론 육식을 하지 않으리라 다짐했다. 그런데 이규보는 그 감상이 탐탁지 않다. 비유를 든다. 누가 이를 잡는 것을 보았고, 너무 슬퍼 자신 역시 이를 잡지 않겠다는 것이다. 그 말에 불쾌해진 지인이 따지자 이유를 설명한다. 생명이란 크고 작음과 무관하게 삶을 원하고 죽음을 원치 않는다는 것이다.

　이규보의 말대로 지인의 감상에는 허점이 있다. 궁극적으로 생명에 서열을 두는 태도는 잘못이기 때문이다. 이 점을 이규보는 예리하게 파고든 것이다. 그리고 이와 손가락, 달팽이와 소, 메추리와 대붕 등을 예로 들며 자신의 논리를 뒷받침한다. 이러한 이규보의 말하기는 상대를 말로 눌러야 할 때 유용하다.

이규보(李奎報, 1168-1241년). 고려 시대 작가이자 문신. 유교와 불교에 조예가 깊었고, 동명왕에 관한 장편 서사시 《동명왕편》을 저술하는 등 다방면에 능했다. 특히 작가로서 한국 문학사에 큰 족적을 남겼다.

그런데 요즘 현실에 비추어 보면 이규보의 말하기는 그다지 적절하지 않다. 지인은 개의 죽음을 보며 생명의 소중함을 느꼈고 나름 진지하게 다짐을 한 것인데, 이를 생명에 귀천을 두고 차별한다고 비판하는 것은 지나치다. 게다가 자신의 주장을 뒷받침하기 위해 이, 손가락, 달팽이 등을 끌어들인 것은 비아냥에 가깝고 말이다.

지인이 이규보의 의도대로 생명에는 귀천이 없다고 깨닫게 될 것 같지는 않다. 무척 불쾌하기만 했을 듯하다. 생명의 소중함을 이제막 자각한 사람의 싹을 밟은 셈이기 때문이다. 그러므로 이규보의 말하기는 그대로 배우기보다는 반면교사로 삼는 게 더 나을 듯하다.

맹자

제나라 선왕이 물었다. "저 같은 사람도 백성을 보살피는 성군이 될 수 있을까요?" 맹자가 말했다. "물론입니다." 선왕이 물었다. "어떤 근거로 확신하십니까?" 맹자가 말했다. "신이 호흘이란 사람에게서 이런 이야기를 전해 들었습니다. 선왕께서 당상에 앉아 계셨는데, 소를 끌고 그 아래를 지나가는 사람이 있었습니다. 선왕께서 그에게 '소를 어디로 끌고 가느냐?'고 물었고, 그는 '소를 죽여 그 피를 쇠종에 바르려고 합니다'고 답했습니다. 그러자 선왕께서 '풀어 주게나. 나는 소가 무서워 떨면서 죄 없이 사지로 끌려가는 것을 차마 볼 수 없으이'라고 말씀하셨습니다. 그 사람이 '그러면 쇠종에 피 칠하는 의식을 없애면 되겠습니까?' 하고 물었고, 선왕께서는 '어찌 없앨 수 있겠는가? 양으로 대체하라'고 하셨습니다. 이렇게 저는 들었습니다. 제가 들은 게 맞는지요?" 선왕이 말했다. "맞습니다. 그런 일이 있었습니다." 맹자가 말했다. "그러한 마음이면 충분히 임금 역할을 잘하실 수 있습니다. 백성은 모두 선왕께서 인색하다고 하지만, 저는 진작부터 선왕께서 '차마 남을 해치지 못하는 마음' 때문에 그러셨음을 알고 있었습니다." 선왕이 말했다. "정말 그렇습니다! 인색하다 비난하는 백성들이 있는데, 제나라가 비록 작을지언정 내가 어찌 소 한 마리를 아꼈겠습니까? 그 소가 벌벌 떨면서 죄 없이 사지로 가는 걸 차마 볼 수 없어 양으로 대체한 것뿐입니다." 맹자가 말했다. "그렇다고 해서 선왕께서는 백성들이 선왕을 인색하다 여기는 걸 이상하게 생각하지는 마십시오. 작은 것으로 큰 것을 대체했으니 타인이 어찌 그 마음을 알겠습니까? 다만 궁금한 것은 선왕께서 정말 죄 없이 사지로 끌려가는 걸 측은히 여기셨다면 왜 소와 양은 구분하셨을까요?"

선왕이 웃으며 말했다. "그것은 정말로 어떤 마음이었을까요? 내가 재물을 아껴 그것을 양으로 바꾼 것은 아닙니다만 백성들이 나를 인색하다 하는 것도 당연하긴 합니다." 맹자가 말했다. "괜찮습니다. 실은 이것이 바로 어짊을 행하는 방법입니다. 선왕께서 그러하신 것은 소는 보셨지만 양은 보시지 않았기 때문입니다. 군자는 동물이 죽는 걸 차마 보지 못하며, 죽어 가는 소리를 들으면 차마 그 고기를 먹지 못합니다. 이러한 연유로 도축장도 멀리합니다." 선왕이 기뻐하면서 말했다. "《시경》에서 '다른 사람의 마음을 내가 헤아린다'고 했는데 바로 선생님을 두고 한 말인가 봅니다! 내가 당시 그렇게 하고는, 돌이켜 왜 그랬는지 까닭을 구해도 내 마음을 스스로 알 수 없었는데 선생께서 말씀해 주시니 뭉클해집니다. 한데 이러한 마음이 임금 역할을 잘하는 것과 무슨 관련이 있는지요?" 맹자가 말했다. "어떤 사람이 선왕께 아뢰길 '저는 삼천 근은 충분히 들지만 깃털 하나는 들지 못합니다. 저는 가느다란 짐승의 털끝도 충분히 볼 수 있지만 수레 가득한 땔나무는 보지 못합니다'고 하면 선왕께선 그 말을 믿으시겠습니까?" 선왕이 말했다. "물론 믿을 수 없습니다." 맹자가 말했다. "그렇다면 지금 선왕의 은혜가 소와 같은 동물까지 충분히 미치면서도 백성에게 이르지 못하는 것은 대체 무엇 때문일까요? 터럭 하나가 들리지 않는 것은 힘을 쓰지 않았기 때문이고 수레에 실린 땔나무가 보이지 않는 것은 눈을 사용하지 않았기 때문입니다. 마찬가지로 백성들이 보살핌을 받지 못하는 것은 임금께서 은혜를 베풀지 않기 때문입니다. 그러니까 선왕께서 임금 노릇을 하지 못하는 것은 하지 않아서일 뿐, 결코 할 수 없어서가 아닙니다."

《맹자》에서

앞의 이규보 이야기와 비슷하다. 이규보의 지인은 개를 도축하는 장면을 보고 육식을 하지 않겠다고 선언했고, 선왕은 의식 때문에 끌려가는 소를 보고는 불쌍히 여겨 소를 양으로 대체하라 지시했다. 두 이야기에서 다른 점이 있다면 지인은 육식 전체로 시야를 확장한 반면, 선왕은 소에서 머물러 있다는 것이다.

소를 양으로 대체한 선왕의 행동을 두고 사람들은 소가 양보다 비싸기 때문이라며 비난한다. 왕은 결코 그 때문이 아니었지만 그렇다고 해서 딱히 다른 구실도 대지 못한다. 이러한 심정을 토로하는 왕에게 맹자는 왕 자신도 몰랐던 이유를 명확히 짚어 준다. 그것은 왕이 소는 보았지만, 양은 보지 못했기 때문이라는 것이다. 아마 양이 끌려가는 것을 보았다면 양 역시 살려 주었을 것이다. 그리고 그 '작은' 마음씨에서 성군의 가능성을 엿보았다고 역설한다.

비록 현재 성군은 아니지만, 소의 아픔에 공감하는 그 마음을 백성에게까지 확장한다면 백성을 보살피고 아끼는 훌륭한 왕이 될 수 있다는 것이다. 왕이 현재 백성을 보살피지 않는 것은 본성이 악해서가 아니라 소는 보았으되 백성은 보지 않았기 때문이라고 분석한다.

삼천 근을 거뜬히 드는 사람이 깃털을 들지 못하는 것은 힘이 없어서가 아니요 힘을 쓰지 않아서이듯이, 왕이 소는 살피면서 백성을 보살피지 않는 것은 그럴 마음이나 능력이 없어서가 아니요 하지 않아서이다. 지금이라도 소를 측은히 여겼던 마음을 백성에게로 확장한다면 충분히 성군이 될 수 있다고 맹자는 간곡히 충언했던 것이다.

이렇듯 이규보의 지인과 제나라 왕은 비슷한 상황에 놓여 있었는데 이를 대하는 이규보와 맹자의 태도는 천양지차다. 이규보는 지인의 허점을 냉정하게 지적한 반면, 맹자는 왕의 작은 장점을 부각시켜 북돋웠다. 같은 부족함이 이규보의 눈에는 단점이 되고, 맹자의 눈에는 장점이 된다. 이규보의 비판 때문에 지인은 개를 불쌍히 여긴 그 마음마저 지울 것이나, 맹자의 격려를 받은 왕은 내면의 따뜻한 마음씨를 백성에게로 확장하리라 다짐했을 것이다.

이규보와 맹자의 차이는 진심의 유무에 있다. 상대를 누르고 자기를 과시하고자 충고를 활용하는 사람은 이규보 같은 냉정한 말하기를 구사하지만, 상대를 진심으로 생각하고 그가 변하길 갈망하는 사람은 맹자처럼 영리하고 부드러운 말하기를 쓴다. 나의 말하기가 자신을 과시하는 용도로 쓰였다면 나의 마음을 가꾸어야 하고, 진심을 담은 것인데도 냉정한 말하기를 구사하고 있었다면 말투를 가다듬어야 한다.

말의 내공

초판 1쇄 발행	2018년 11월 12일
초판 11쇄 발행	2022년 4월 25일

지은이	신도현, 윤나루
펴낸곳	(주)행성비
펴낸이	임태주
편집장	이윤희
디자인	디자인 스튜디오 [서 - 랍]
출판등록번호	제2010-000208호
주소	경기도 파주시 문발로 119 모퉁이돌 303호
대표전화	031-8071-5913
팩스	0505-115-5917
이메일	hangseongb@naver.com
홈페이지	www.planetb.co.kr

ISBN 979-11-87525-86-8 03100

행성B는 독자 여러분의 참신한 기획 아이디어와 독창적인 원고를 기다리고 있습니다.
hangseongb@naver.com으로 보내 주시면 소중하게 검토하겠습니다.